1-68227

926.168917

Les images, les mots, le corps
Entretiens – 4

*Collection Françoise Dolto
dirigée par
Catherine Dolto*

FRANÇOISE DOLTO
JEAN-PIERRE WINTER

Les images, les mots, le corps

GALLIMARD

© *Michèle Brabo pour la photographie de couverture.*
© *MK2, 1986, pour l'enregistrement filmé.*
© *Éditions Gallimard, 2002.*

Préface

La France, qui si longtemps « résista » à l'avancée de la recherche psychanalytique prétextant que cette nouvelle « science » était trop allemande, trop juive, trop amorale, a pourtant été le lieu privilégié du renouvellement et de l'approfondissement de la recherche psychanalytique. Et cela grâce à l'élan et au travail impulsés par deux figures sans équivalents dans le champ freudien : Françoise Dolto et Jacques Lacan. J'ai eu l'inestimable chance, comme quelques autres, d'être l'ami de l'une et l'analysant de l'autre. Tous deux étaient des figures controversées, opposées au ronron bienséant qui, au moment où ils ont été formés, était déjà tristement la marque de l'institutionnalisation de la découverte freudienne.

S'il est vrai que bien des choses dans leur personnalité, dans leur style, dans leurs convictions semblaient les opposer l'un à l'autre, il est non moins vrai que, sans être passionnément amis, ils furent systématiquement du même côté de tous les conflits qui ont marqué l'histoire psychanalytique de la seconde moitié du XXe siècle. Et ce jusqu'à la fin puisque, comme le précise Françoise Dolto au terme de cet entretien, et contrairement à une rumeur soigneusement entretenue par ceux que ce pacte tacite révulsait, non seulement elle ne s'opposa pas à la dissolution de l'École freudienne de Paris (E.F.P.), mais elle écrivit à Lacan pour le féliciter de la décision qu'il venait de prendre[1].

C'est justement quelques années après cette dissolution, en 1986, et alors que le paysage institutionnel de la psychanalyse était profondément bouleversé, que Marin Karmitz me proposa, par l'intermédiaire de Caroline Eliacheff et Catherine Dolto, d'interroger Françoise Dolto dans le cadre d'un projet de vidéothèque où serait conservée la mémoire vive des travaux des grands de ce siècle.

Pourquoi moi ? D'abord parce que F. Dolto, bien que (ou parce que) je n'aie jamais assisté à ses consultations, jamais été directement un de ses « élèves », m'honorait de son amitié. Ensuite parce que quelques mois auparavant, lors d'une série d'émissions sur TF 1[2], j'avais témoigné de la préoccupation qui était la mienne, et qui rejoignait la sienne, de transmettre la psychanalyse hors du cercle restreint des psychanalystes ou du discours « antipathique » à l'analyse : l'Université[3]. Enfin parce que Françoise et moi menions

---

1. Le 5 janvier 1980, J. Lacan, fondateur et président de l'École freudienne de Paris, adresse aux membres de son École une lettre dans laquelle il fait part de sa décision de dissoudre son institution. Un nombre significatif des membres de l'E.F.P. contestera le non-respect des formes juridiques de cette décision. S'ensuivront des affrontements institutionnels et juridiques aboutissant à la nomination d'un administrateur judiciaire et à la dissolution *in fine* en bonne et due forme.

2. Cette série, diffusée en janvier 1986, produite par Dominique Frischer et réalisée par Marie-Hélène Rebois et Bernard Guillou, avait pour titre *Voyages intérieurs*, et était constituée de trois épisodes. Deux d'entre eux donnaient la parole à des analysants qui témoignaient sur leur analyse, le troisième était consacré à des témoignages de psychanalystes sur leur parcours après une visite guidée dans Vienne.

3. En référence aux « quatre discours » de Lacan : les discours du Maître, de l'Université, de l'Hystérique et de l'Analyste. Ces discours sont la formalisation des liens sociaux que Freud avait désignés comme « impossibles » : gouverner, éduquer, psychanalyser, auxquels Lacan ajoute le discours de l'Hystérique. Dans *Encore*, Lacan remarque que le

depuis dix ans un dialogue ininterrompu qui avait commencé en 1976 quand Boris et elle s'étaient déplacés pour assister au séminaire « Psychanalyse et judaïsme » que j'animais hors les murs de l'E.F.P. Si le thème est devenu banal aujourd'hui, la façon dont je l'abordais à l'époque était totalement inédite car, si stupéfiant que cela puisse paraître, aucun psychanalyste n'avait pensé jusque-là à se soucier sérieusement de comparer les procédures talmudiques et psychanalytiques de lecture et l'interprétation des textes. La présence de Françoise lors de l'exposé de mes recherches était motivée, comme elle me le dit explicitement, par le fait qu'elle avait trouvé là un lieu où « la psychanalyse était vivante ».

C'est d'ailleurs cette préoccupation — que la psychanalyse soit vivante — qui était commune à J. Lacan et à F. Dolto. Et, sur ce point, il est indispensable d'examiner s'il y a quelque pertinence à opposer l'optimisme de Dolto au pessimisme de Lacan. Ce qui revient en fait le plus souvent à stigmatiser Dolto pour sa foi et à glorifier Lacan pour sa détresse. Ainsi, par exemple, à propos de la séparation entre l'analyste et l'analysant en fin de cure[4], quand je rappelle à Dolto que Lacan décrit ce temps comme un moment dépressif pour l'analyste, elle s'insurge et répond que pour elle c'était une joie d'avoir rendu son patient capable de se passer d'elle. Elle assure n'avoir jamais eu de regrets quand un analysant partait, et se demande s'il n'arrive pas qu'un psychanalyste n'ait pas « compris que la joie du travail, c'est de voir quelqu'un n'avoir plus besoin de vous ? ».

Lacan de son côté rappellera que, selon Dante, la « tristesse » (autre nom de la dépression) est le seul

---

franchissement d'un discours est un moment analytique. Pour autant, les rapports entre chaque discours sont qualifiés, et l'« antipathie » est ce qui, selon Lacan, oppose le discours de l'Analyste au discours de l'Université.

4. Voir *infra*, p. 164 et suiv.

péché et que son plus grand regret aura été de ne pas pouvoir rencontrer plus de gens avec qui partager ses raisons de rire[5]. Lacan pour une large part était spinoziste et, comme le philosophe, il pensait que la joie est la seule vertu et qu'une analyse est terminée quand le patient a retrouvé le plaisir de vivre.

Dolto et Lacan, de ce point de vue, partageaient une même conception éthique des finalités de la psychanalyse. Ce qui, au-delà de leur style, les différenciait, c'est leur genre. Ils n'avaient pas le même !

C'est ce que rappelle Françoise Dolto quand elle suggère[6] que, pour une femme, la séparation renvoie à l'accouchement... du placenta ! À la place du placenta, l'homme — Lacan — invente l'« objet *a* », c'est-à-dire *in fine* le rien ! Autrement dit, pour un homme, l'expérience de séparation ne s'associe pas au don de la vie mais à la préfiguration du néant, de la mort. Raison pour laquelle sans doute il aura fallu si longtemps à Lacan pour dire que l'Autre, le réservoir des signifiants, c'est le corps, et qu'en conséquence le seul Réel auquel le psychanalyste ait à faire c'est celui dont Dolto n'a jamais cessé de parler : le mystère du corps parlant !

Mais les choses ne sont pas aussi tranchées. Ainsi, par exemple, du côté femme, si, dans un premier temps, la jeune fille pense que c'est l'homme qui est phallique, elle a tôt fait de s'apercevoir « qu'elle est [...] l'imaginaire phallique de l'homme », que c'est ce « qui fait que l'autre est phallique[7] ».

Du côté homme, il y en a tout de même à être « aussi bien que les femmes » (Lacan). Ce sont ceux, parmi les psychanalystes, qui s'approchent au plus près de la

---

5. J. Lacan, *Le Séminaire, Livre XX, Encore, 1972-1973*, Le Seuil, 1975.
6. Voir *infra*, p. 164-165.
7. Voir *infra*, p. 169.

fonction mystique, qui consiste, selon l'analyse qu'en donne Lacan dans *Encore*[8], à ne pas s'identifier totalement à la fonction phallique, à jouir d'autre chose que du jeu signifiant. Dolto, elle, paradoxalement identifiait sa sainteté au fait qu'« elle ne voulait pas être psychanalyste », ce à quoi, dit-elle, elle a « résisté comme un beau diable[9] ».

Un beau diable dans le bénitier de l'église apostolique romaine et psychanalytique, c'est sans doute ce que Dolto a été : en s'immergeant dans l'orthodoxie russe grâce à sa rencontre avec le génial kinésithérapeute qu'était Boris Dolto et partageant le destin institutionnel de J. Lacan, jusqu'à sa fin, contre l'orthodoxie mortifère de l'I.P.A.[10]. Mais s'il est vrai que c'est le diable qui, en nous, résiste à notre destin[11], faut-il en déduire mécaniquement ou évangéliquement que notre désir est en nous la part du divin ?

Je pense que telle était la position de F. Dolto. À lire l'entretien que nous avons eu, et à relire *Les Évangiles au risque de la psychanalyse*[12], il apparaît clairement que F. Dolto voyait en Jésus une préfiguration de la fonction de l'analyste. Cela signifie-t-il qu'elle imaginait l'analyste qu'elle était comme occupant la place de Jésus ? Pourquoi pas ? Si, pendant la cure, l'analyste

---

8. J. Lacan, *Le Séminaire, Livre XX, Encore, op. cit.*
9. Voir *infra*, p. 166.
10. L'I.P.A. (International Psychoanalytical Association) regroupe l'ensemble des associations nationales créées du vivant de Freud ou postérieurement. Cette organisation, garante de l'orthodoxie freudienne, a « excommunié », en 1964, Lacan et Dolto ainsi que tous les analystes qui ont refusé de se plier aux standards qu'elle exigeait : durée des séances, nombre de séances par semaine, pratique du contrôle, etc.
11. C'est ce que Jésus dit à Pierre : « *Vade retro Satanas* », quand celui-ci, à peine a-t-il été nommé chef de l'Église, prétend l'empêcher d'accomplir son destin en lui barrant la route de Jérusalem où il est prévu par les Écritures qu'il doit se rendre pour y mourir.
12. F. Dolto, *Les Évangiles et la foi au risque de la psychanalyse*, Gallimard, 1996.

incarne momentanément le « sujet-supposé-savoir », n'est-il pas, imaginairement et symboliquement, à la place de Dieu ? On conçoit alors qu'il résiste à ce destin, à moins d'être fou. Afficher son athéisme *urbi et orbi* est sans doute un moyen de se protéger contre un tel risque.

En ce sens, le génie de Françoise Dolto se mesure à sa moindre résistance. Elle n'a jamais eu peur de passer pour une « toquée », qualificatif qui lui revenait des écoles fréquentées par ses enfants mais tout autant de l'École (freudienne) qui, par la voix de ses membres les plus éminents, parlait publiquement au sujet de son travail de « lamentables bondieuseries » !

Il apparaît aujourd'hui nettement que la foi de F. Dolto lui permettait de ne pas déifier Lacan. Et du coup, parce qu'elle ne l'idolâtrait pas, son lien à lui s'avère n'avoir pas été tissé de cette haine inconsciente dont l'envers se donne à voir dans la mise en scène idolâtrique.

Reste le délicat problème des rapports de F. Dolto aux Juifs et au judaïsme. Examinons attentivement ce qu'elle en dit dans cet entretien : « Je suis convaincue que la psychanalyse est le fruit lointain de l'impact du dire, des paroles de ce Jésus de Nazareth dans son peuple, et que nous en sommes la suite. Et, évidemment, il fallait que Freud ne soit pas pratiquant, sans ça jamais il n'aurait trouvé la psychanalyse qui est une sublimation de cette souffrance dont il était frustré dans la religion juive. Cette frustration, il a réussi à en faire une castration, et cette castration est symbolisée dans la recherche de ce qu'est que le monothéisme[13] ! » Freud frustré par ses origines juives de la souffrance christique et néanmoins découvrant la psychanalyse, il fallait oser le dire !

En 1988, dans *Autoportrait d'une psychanalyste*[14],

---

13. Voir *infra*, p. 147.
14. F. Dolto, *Autoportrait d'une psychanalyste, 1934-1988*, Le Seuil, 1989.

après avoir affirmé que le « christique sans le judaïque n'a pas de sens », elle répond à la question de savoir s'il est important pour elle que Freud ait été juif : « Oui, mais surtout qu'il ait dénié l'être. C'est parce qu'il a dit : "Non, je ne le suis pas" qu'il a pu découvrir la psychanalyse. » Ce qui est manifestement erroné comme le lui font remarquer Alain et Colette Manier, ses interlocuteurs, insistant sur la différence, souvent incompréhensible pour un chrétien, entre « être croyant » et « être juif ».

Quoi qu'il en soit de cette confusion, Françoise Dolto dira : « Je ne crois pas que la psychanalyse pouvait être inventée par un non-Juif. Je crois qu'il va de soi qu'à une époque donnée, la parole signifiante de ce qui se passait dans l'inconscient créatif, créatif de cohésion charnelle d'un être humain, de la cohésion biologique qui fait qu'un être humain naît voué à la parole, ça ne pouvait venir que d'un Juif. Ça ne pouvait pas venir autrement[15]. » Certes ! Mais à ceci près que pour elle les Juifs sont « chrétiens sans le savoir » ! Sans le savoir « parce qu'ils ont peur de lâcher les articulés mentaux de leur enfance, comme toute personne a peur de lâcher sa névrose[16] ». Le judaïsme serait donc, au regard de son accomplissement, de son « progrès » dans le christianisme, une névrose.

Les considérations qui s'inscrivent dans la plus pure tradition théologique chrétienne éclairent après coup le sens qu'il faut donner à son idée, affirmée lors de notre entretien, d'une frustration juive en attente d'un travail de sublimation. Travail que Dolto n'attendait pas de la seule psychanalyse mais de l'Histoire. Ainsi pourra-t-elle énoncer que : « En tout cas ce sont les Juifs qui ont été le Christ pendant la guerre. Le Christ sur la

---

15. *Ibid.*, p. 160.
16. *Ibid.*

croix, ce sont les Juifs. Les Juifs incarnent le Christ sans même le savoir. Ils ne savent pas qu'ils sont christiques, ils l'incarnent[17]. »

Propos troublants, non seulement parce qu'ils offrent un sens eschatologique à la Shoah mais aussi parce que, émis par Françoise Dolto, ils sont simplement scandaleux. Du coup, s'élucide ce qui a fait la difficulté de notre échange dans les passages consacrés à la haine. F. Dolto s'y révèle rebelle à toute tentative de conceptualiser la haine, n'y voyant que l'envers non verbalisé de l'amour. Comment ne s'apercevait-elle pas que son rapport compassionnel à l'autre pouvait être simplement insupportable tant il lui dénie la singularité de sa souffrance ou la récupère dans la logique d'une foi dans laquelle il ne se reconnaît pas et qui a historiquement fait son malheur. Le subtil retournement opéré par Dolto qui veut que ce ne soit plus le Christ qui incarne le texte de l'Ancien Testament mais les Juifs qui incarnent le Christ sur la croix est une opération rhétorique dont la dangerosité n'est pas même à démontrer. Pourtant ce qu'elle avançait là donne à penser, parce que le Jésus dont elle parle n'est pas celui du catéchisme. C'est celui dont l'existence est la condition de la vie du sujet ; « celui, dit-elle, qui pense et qui parle, comme sujet de sa parole est forcément articulé à Dieu. C'est très curieux que les psychanalystes ne s'en rendent pas compte[18] ».

Les psychanalystes peut-être ! Quant à Lacan, là encore il s'avérait plus proche de Dolto qu'on ne le croit quand il disait, par exemple, dans *Encore* : « L'Autre, l'Autre comme lieu de la vérité, est la seule place, quoique irréductible, que nous pouvons donner au terme de l'être divin, de Dieu pour l'appeler par son

17. *Ibid.*, p. 161.
18. *Ibid.*, p. 158.

nom. Dieu est proprement le lieu où, si vous m'en permettez le jeu, se produit le *dieu* — le *dieur* — le *dire*. Pour un rien, le dire ça fait Dieu. Et aussi longtemps que se dira quelque chose, l'hypothèse Dieu sera là[19]. »

N'est-ce pas ce terme d'« hypothèse » qui fait toute la différence entre Dolto et Lacan sur ce point ? Par sa foi, Dolto ne transforme-t-elle pas une hypothèse inévitable en une certitude aux conséquences incalculables ?

L'affirmation de sa foi ne la range-t-elle pas alors du côté des théologiens, c'est-à-dire du côté, comme le suggérait Lacan, de ceux qui sont « vraiment athées » puisque eux, de Dieu, ils en parlent ?

Peut-être alors pouvons-nous interpréter sa désignation des Juifs en tant qu'incarnation du Christ comme le désir de se confronter à une réelle présence d'un dieu qui se dérobe et qui justement ne subsiste que sans sa forme signifiante, au lieu de l'Autre.

Pour toutes ces raisons j'étais sorti de cet entretien, qui s'était prolongé toute une journée, épuisé et hagard.

Je garde le souvenir d'une Françoise animée par les paroles qui jaillissaient de sa bouche sans inutiles précautions oratoires, sans souci de conformité avec quelque *doxa* préalable, d'une Françoise incarnant par sa liberté et son aisance ce qu'elle théorisait comme finalité pour la psychanalyse.

Sans doute est-ce ce que l'Université et la plupart de ses collègues ne lui ont pas encore pardonné. En témoignent les notices biographiques qui fleurissent à son sujet dans les derniers dictionnaires de psychanalyse, toujours ambivalentes et réductrices et ne rendant jamais grâce à son génie clinique et théorique.

JEAN-PIERRE WINTER

---

19. J. Lacan, *Le Séminaire, Livre XX, Encore, op. cit.*, p. 44.

Formation et théorie

JEAN-PIERRE WINTER : *Commençons cet entretien par un aphorisme talmudique. Un rabbi, un maître du Talmud, dit : « J'ai beaucoup appris de mes maîtres, plus encore de mes collègues, mais ceux dont j'ai le plus appris ce sont mes élèves. » Est-ce quelque chose qui, dans l'analogie analyste, collègue analyste et analysant, est vrai pour Françoise Dolto ?*

FRANÇOISE DOLTO : Oui, j'ai appris de mes maîtres, bien sûr. J'ai appris surtout de ceux qui parlaient d'eux en même temps qu'ils parlaient des autres. J'ai appris beaucoup de mes patients, surtout de ceux qui me tourmentaient parce que je ne comprenais rien, et ce sont eux qui me faisaient le plus travailler sur moi-même. Donc j'ai appris par mes patients sur moi-même, et les personnes au monde qui m'ont le plus appris ce sont les bébés, les enfants entre eux et les bébés dans leur relation à leurs parents.

J.-P. W. : *Les enfants seraient presque des collègues ?*

F. D. : Oui, mes collègues, c'est les bébés. Je crois que j'ai quelque chose de bébé qui n'est pas encore achevé, et que ce sont les bébés qui m'éduquent.

J.-P. W. : *Alors, qui sont tes maîtres ? Qui reconnais-tu comme maîtres ?*

F. D. : D'abord Freud, bien sûr. J'admire son style aussi, parce que c'est difficile d'être clair quand on est psychanalyste. Freud est clair, même pour des gens qui ne connaissent pas encore la psychanalyse et qui ouvrent pour la première fois un livre de psychanalyse. Et ce qui est étonnant, c'est qu'il est encore clair pour des gens qui ont travaillé la psychanalyse et qui voient d'autres choses dans ce qu'il a dit que ce qu'ils avaient compris avant d'avoir connu la technique par eux-mêmes. Alors c'est ça que je trouve presque magique dans l'écriture de Freud. Après, mes maîtres sont des gens que j'ai vus. Mon psychanalyste était Laforgue[1]. Et puis, à l'époque héroïque du début, c'était l'Institut de psychanalyse[2] où, je dois dire, je n'ai pas énormément appris, mais je me suis familiarisée avec le jargon en comprenant que, sous les mêmes mots, chacun mettait son expérience personnelle qui était différente de celle de l'autre. Et j'ai vu combien c'était difficile de parler objectivement de psychanalyse, d'ailleurs ça se verra sûrement dans notre entretien. Pour beaucoup de gens, quand on est psychanalyste, on parle d'une manière qui n'est pas compréhensible pour les autres. Quels autres ? Ça peut être compréhensible pour les collègues qui savent, derrière tel mot, ce que telle personne y met par le fait de ce qu'on sait des études particulières que cette personne poursuit, puisque chacun de nous, soit du fait de sa clientèle, soit du fait de ses affinités, poursuit une recherche particulière. Mais ceux qui parlent claire-ment, c'est un don et je ne sais pas comment il s'acquiert. Toi par exemple, j'ai trouvé que c'était clair ce que tu avais donné à TF 1[3]. Moi qui étais psychanalyste, je comprenais, mais je suis sûre aussi que des gens qui ne sont pas psychanalystes ont compris quelque chose d'essentiel de la psychanalyse à travers ce que tu disais.

Alors, mes maîtres, ce sont encore les collègues, au même niveau que moi, car on se questionne entre nous à propos d'un cas qui nous questionne, et en nous disant : « Tu devrais lire ci, tu devrais lire celui-là. »

Parmi les anciens, Ferenczi[4] est celui qui m'a le plus appris, avec Freud. Et puis, parmi ceux de maintenant — enfin du temps où j'étais en activité[5] —, c'est Winnicott[6], beaucoup plus que tous les autres. Mais j'oublie de dire le maître principal, celle qui m'a mis le pied à l'étrier si je peux dire, c'est Mme Morgenstern. Mme Morgenstern était une analysée de Freud qui était à Paris[7]. C'est la première psychanalyste qui s'est occupée d'enfants, en France. Elle était chez le professeur Heuyer[8], j'étais externe à ce moment-là. Elle avait beaucoup de travail et elle m'avait chargé d'écouter les enfants, pas d'autre chose que de les écouter, régulièrement, quelques enfants qui étaient envoyés pour des symptômes très graves. Il fallait qu'un enfant soit vraiment gravement atteint pour qu'il soit envoyé chez Heuyer. C'était la seule clinique pour les enfants, en France, qui s'occupait des troubles relationnels et pas des troubles neurologiques, qui éliminait ce qu'il y avait de neurologique pour comprendre qu'il s'agissait de quelque chose de psychologique qui relevait d'une psychothérapie, c'est-à-dire de la relation à quelqu'un. Mme Morgenstern m'avait donc chargée d'écouter des enfants — j'étais psychanalysée bien sûr mais je ne voulais pas du tout devenir psychanalyste, à l'époque, je voulais devenir médecin d'enfants, pédiatre —, et pour un médecin qui a toujours comme idée qu'il a à faire quelque chose devant quelqu'un qui souffre, c'est tout à fait nouveau de n'avoir qu'à écouter et seulement écouter, de se faire admettre par l'enfant comme quelqu'un qui l'écoute, et de s'apercevoir que cet enfant vous attend d'une séance à l'autre alors qu'on ne lui répond jamais rien. Au début c'est comme ça, surtout quand on apprend son métier. On ne l'observe pas à la façon dont les médecins observent, on ne scrute rien du tout, on écoute. Si on était à bicyclette — je ne sais pas les associations qu'il y a avec la pédale... —, je dirais qu'il faut être en roue libre. Eh bien c'est ça : on a bien tourné son vélo, on arrive avec l'interlocuteur et on l'écoute, on est en roue libre constamment pendant qu'on marche avec lui un chemin qui dure vingt minutes, vingt-cinq minutes, une demi-heure.

J.-P. W. : *Est-ce que tu te souviens du premier patient avec qui tu as été comme ça « en roue libre » ?*

F. D. : Oui je m'en souviens.

J.-P. W. : *Est-ce que tu peux en dire deux mots ou est-ce quelqu'un dont tu ne peux pas parler encore ? Je te pose cette question parce que je sais par exemple que, pour moi, le premier patient est extrêmement important.*

F. D. : Je ne peux pas en parler parce qu'il est certainement encore vivant et que peut-être il regardera ces émissions[9] — curieusement, pour moi c'est absolument indissociable de son nom de famille —, alors je ne peux pas en parler comme ça. C'était un garçon qui souffrait beaucoup d'une maladie des tics qui le rendait insupportable parce que ces tics étaient bruyants, donc il était insupportable dans un autobus, dans un métro, dans une maison. Et c'est un chagrin pour moi ce cas, parce que Mme Morgenstern n'a pas eu la possibilité de continuer et qu'il a été envoyé dans un asile psychiatrique d'enfants, où le hasard — il n'y en a probablement pas — a fait que je l'ai retrouvé quinze ans après lorsque je visitais un collègue qui était dans cet asile. Il m'a reconnue, je l'ai reconnu tout de suite, il était devenu un homme — il avait douze ans quand je l'avais vu. Hélas, il était très heureux en hôpital psychiatrique à jouer aux cartes toute la journée. Et de temps en temps, lorsqu'il passait en observation pour savoir s'il devait y rester, il reprenait ses tics qu'il n'avait pas du tout le reste du temps quand il jouait aux cartes avec les autres patients. Je trouve que c'est un échec. Mais son histoire, je m'en souviens très bien. Il avait été traumatisé plusieurs fois, les médecins n'avaient pas voulu l'admettre, c'est à moi qu'il a montré une énorme cicatrice qu'il avait sur le cuir chevelu, que personne n'avait vue — il avait une tignasse très touffue —, et on avait toujours pris cet enfant pour un fabulateur de ses traumatismes. C'est très curieux. Il était arrivé de son pays, qui était un département — probablement il avait été présenté par ses parents —, on disait que depuis l'âge de quatre ans il fabulait des traumatismes et qu'il n'en avait jamais eu aucun. Il avait donc une cicatrice du cuir chevelu, très profonde, qui n'avait jamais été observée, et il m'a raconté l'incident qui s'était passé entre ses parents. C'est ça qui était intéressant parce que c'était œdipien pour lui : il avait quatre ans, ses parents se battaient très souvent, il s'était mis entre eux et il a reçu une pièce de métal très lourde que son père voulait envoyer à sa mère. Il disait « Tant mieux » que c'était lui qui l'avait reçue, « sinon la maman..., il y avait les bébés ». Donc elle aurait été plus atteinte que lui. C'était une chose très grave.

Par le fait d'avoir parlé, que je l'avais écouté — je n'avais rien fait d'autre que l'écouter, je relatais à Mme Morgenstern les entretiens que j'avais avec lui, je lui disais : « À dans deux jours » —, ce garçon n'avait plus ces tics bruyants, il en avait quelques-uns visibles, mais il ne gênait plus personne. Alors ce n'était plus nécessaire qu'il reste en observation. Et on l'a mis dans un hôpital général en attendant que ses parents viennent le rechercher, en disant qu'il avait quelque chose de débile, qu'il voulait intéresser les gens à sa personne, enfin tout ce que l'on peut raconter des troubles du caractère d'un garçon de douze ans qui ne suit pas bien à l'école, qui de temps en temps va se balader et que les gendarmes ramènent... En fait, il n'y avait pas grand-chose d'autre à faire que d'écouter cette histoire et de reprendre son histoire œdipienne. Il n'a jamais été rendu à ses parents, il est resté dans la région parisienne, dans cet asile psychiatrique où je l'ai revu douze ans après. C'est souvent par les échecs qu'on commence.

J.-P. W. : *Quand tu dis que tu l'écoutais simplement, on peut imaginer que tu étais certainement surprise des effets que ça pouvait avoir d'écouter. Mais tu n'écoutais pas dans une naïveté tout à fait totale. Beaucoup de gens écoutent, encore faut-il savoir ce qu'il y a à entendre.*

F. D. : Ce qu'il y a d'intéressant c'est que j'étais médecin, donc habituée à examiner le corps, mais jamais je n'aurais examiné le corps, ni la tête, ni la cicatrice que cet enfant m'a montrée. Je ne sais pas comment ça s'est passé avec les autres parce que je ne lui ai pas demandé de me prouver tout ce qu'il racontait des coups qu'il avait reçus. Et c'est à partir du cinquième ou sixième entretien que j'ai su l'incident entre le père et la mère dont il avait, lui, été marqué par son père comme s'il était la femme. Et c'est ça qui faisait qu'il ne pouvait dépasser ses douze ans puisqu'il avait été marqué du sceau d'avoir été la femme pour le père. Le fait, c'est que je ne voulais pas du tout l'examiner physiquement. C'est lui qui m'a montré cette cicatrice que j'ai pu voir, et c'est après que le médecin du lieu est allé l'examiner et a dit : « C'est tout à fait vrai, avec un défoncement de la boîte crânienne. » Personne ne l'avait vu, ça n'était pas marqué alors qu'il avait vu beaucoup de médecins.

Je l'écoutais naïvement en tant que psychanalyste, je ne savais pas du tout, j'étais étudiante en médecine, j'avais fait une psychanalyse, je savais qu'on parlait sur le divan, lui il était là dans la pièce, en face à face.

J'écoutais naïvement avec la certitude que c'est en parlant — si celui qui écoute, écoute pour l'autre — que se passe le travail qui s'appelle la cure psychanalytique.

J.-P. W. : *Tu avais tout de même la certitude qu'il y avait de l'inconscient.*

F. D. : Bien sûr puisque j'en avais eu la preuve moi-même dans ma propre cure que j'avais faite pour des raisons personnelles[10], et pas du tout pour devenir psychanalyste.

J.-P. W. : *Je voudrais qu'on continue à explorer d'où vient ta théorie.*

F. D. : Ma théorie ? Mais elle vient de Freud, pourquoi ?

J.-P. W. : *Elle ne vient pas que de Freud.*

F. D. : Ah si !

J.-P. W. : *Tu as cité Winnicott...*

F. D. : Mais Winnicott, ça n'est pas de la théorie ! Je trouve que cet homme travaille comme je travaillerais si j'étais un homme. Je regrette d'ailleurs la façon dont les gens le lisent parce que quand il dit quelque chose, hélas, on s'en sert comme de trucs. Par exemple, il a parlé d'objet transitionnel, alors maintenant c'est la tarte à la crème. J'ai vu récemment des parents complètement affolés que leur enfant n'ait pas d'objet transitionnel ! Il a parlé d'objet transitionnel au début surtout pour rassurer les gens qui croyaient que leur enfant était fou parce qu'il avait toujours besoin du même fétiche avec lui — chose qu'on voit chez les petits avec la petite couverture, des choses comme ça, qu'on n'avait pas nommées. Alors tous les parents s'ingénient à être hypnotisés par l'objet transitionnel : « Dis donc, tu lui as apporté son lapin ? On ne peut pas partir en vacances s'il n'a pas son lapin ! » C'est devenu l'obsession familiale de lui laisser l'objet transitionnel. À tel point que j'ai vu des enfants qui avaient un objet sacré pour toute la famille et pour eux, et qui en cours de consultation, au bout de deux ou trois séances, voulaient absolument se débarrasser de leur petite enfance qui leur collait comme un placenta desséché, et la mère voulait absolument qu'ils continuent. Ils avaient un mal fou à pouvoir se débarrasser de cet objet et, avec les infirmières, c'était vraiment un problème de voir les mères revenir une demi-heure après parce que : « Il ne s'endormira pas s'il ne le retrouve pas ! » Alors à la deuxième séance, l'enfant le fait exprès. À la troisième séance, il le cache dans la consultation pour ne pas le ramener, et la mère en est malade. Je dis : « Écoutez, il l'a laissé, c'est la troisième fois qu'il ne veut pas l'emporter, alors laissez-le tranquille, vous verrez bien. — Ah oui, mais si je ne dors pas de la nuit ? — Vous nous le direz demain matin ! » C'est extraordinaire ! Alors les gens qui sont teintés de psychanalyse, maintenant, imposent à l'enfant un objet transitionnel. Winnicott a parlé du *squiggle*. C'est un truc que tous les psychanalystes à un moment donné utilisent. Quand un enfant ne peut pas entrer en contact, on fait un geste qui invite à un autre geste, on croise, c'est une conversation, comme on dirait en mots : « Alors tu ne me racontes rien aujourd'hui ? Et puis, tu sais, moi je te raconterais bien quelque chose ! » Et puis ça y est. Eh bien, c'est la même chose dans un geste qui est parole lancée pour qu'elle soit reprise. Et je me souviens d'un enfant qui avait été très atteint, très traumatisé à dix-huit mois, le coma pendant quatre mois, d'un accident grave où il avait perdu sa famille. Eh bien, c'est par le *squiggle* que nous avons pu commencer à travailler d'une façon très intéressante, parce qu'il y avait un signe que je faisais avec la main, qu'il ne pouvait pas imiter, et on a pu trouver par associations de l'enfant, par ce signe croisé au mien, pourquoi il ne pouvait pas le faire. Puis j'en ai fait un autre, il n'arrivait pas à faire le même, « si je fais pareil », « si je ne fais pas pareil », et il a trouvé que c'était un casque. Un casque gaulois ? Non, un casque romain, c'est plus ancien, peut-être un casque d'un pays de l'histoire tellement ancienne qu'on ne sait plus..., et un casque..., un casque ça protège la tête, or il avait eu de multiples fractures dont fracture de la selle turcique qui lui avait donné un nanisme. C'était un jeune homme resté nain puisqu'il avait eu cet accident à dix-huit mois et qu'il n'avait pas grandi plus qu'un enfant de quelques années, et d'autres troubles aussi. Alors, ce casque ? Il n'avait aucun souvenir de son enfance, il n'avait pas de mémoire du tout de ce qui se passait un mois avant — au moment où je l'ai vu, il avait dix-huit ans, je ne sais plus. Il a retrouvé non seulement la mémoire immédiate, mais la mémoire lointaine et même des souvenirs d'avant l'accident. Étonnant ? Jamais il ne pouvait rien dire, jamais il ne pouvait rien dessiner, et c'est parti, au début du travail, par un trait qui l'invitait à faire un autre trait. Pourquoi certains traits n'étaient pas possibles après que j'en avais fait un, ce croisement, pourquoi ? Quelle forme ce trait aurait-il délimité s'il avait pu se faire ? On est arrivé sur le casque, le casque qui aurait protégé cet enfant de l'accident quasi mortel qu'il avait eu. Tu vois comme c'est intéressant ! On ne va pas faire ça avec tout le monde ! Mais tous les psychanalystes ont ce moyen parce que Winnicott en a parlé, alors c'est la tarte à la crème. Au lieu de faire de la psychanalyse et d'être disponible, on a un truc, on va faire le *squiggle*. Ce qui est malheureux, quand on parle, en psychanalyse, c'est que les gens prennent ça pour des trucs alors que la psychanalyse c'est vraiment permettre à l'autre de s'exprimer en gênant le moins possible ce qu'il a à dire.

J.-P. W. : *Tu es en train de dire que, pour beaucoup de nos collègues, et pour nous peut-être aussi à l'occasion, la théorie ça peut gêner.*

F. D. : Tout à fait.

J.-P. W. : *Alors, à quoi ça sert la théorie ?*

F. D. : La théorie, ça aide celui qui travaille. Par exemple, ma théorie m'a aidée parce que si je n'avais pas cherché une théorie, j'aurais peut-être fait n'importe quoi ! Il y a une éthique, quand nous travaillons, qui est d'essayer de savoir ce que nous faisons, dans la mesure où nous sommes conscients. Mais quant à ce qui est inconscient en nous, il faut accepter que nous ne savons pas ce que c'est. Notre travail c'est tout le temps d'essayer de rendre communicable ce que nous avons trouvé, puisque la psychanalyse est tout de même une science de l'homme, bien que ce soit une vraie science au sens objectif. Et les processus de travail que nous avons, qui aident ou qui n'aident pas, je crois qu'il est important de les communiquer aux autres pour qu'ils aient un point de départ, et qu'ils aident d'autres, comme eux, dans ce difficile travail qui est d'être disponible à l'inventivité de chacun pour exprimer son problème intérieur.

La « théorie de Freud » aussi c'est une manière de dire. Si les gens prenaient la théorie pour une réalité, ça serait vraiment un contresens. Tout se passe comme si — d'ailleurs c'était une phrase de Freud —, donc « tout se passe comme si » il y avait un Moi, un Surmoi, un Ça. Et c'est vrai que ça nous aide à classer les niveaux de communication intérieure à chacun de nous dans la psyché. Je me suis servie uniquement de la théorie de Freud, mais je l'ai fait servir avant l'âge œdipien, alors que sa théorie est valable pour comprendre les conflits et les jeux de forces intérieurs et inconscients à partir de l'œdipe, et de l'œdipe déjà bien entamé, pas de l'avant-œdipe. Alors c'est pour cette raison que j'emploie le « pré-Moi ». Le Ça existe, c'est-à-dire la force pulsionnelle qui est génétique, comme on pourrait dire, chez chacun, dans une intensité qui peut être cyclique, qui peut être variée suivant l'âge et les saisons de la vie, les saisons de l'année même, c'est le Ça. Mais le Moi de l'enfant n'est pas là si tôt. Et je l'ai étudié par rapport au langage de l'enfant parce que quand il dit : « moi », ça ne veut pas dire qu'il a déjà un Moi. J'en ai parlé dans ce que tu appelles « ma théorie », ce sont plutôt des témoignages qui sont mis en mots plutôt qu'une théorie. Ces témoignages tels que je les ai exposés peuvent aider quelqu'un à écouter un autre, alors on appelle ça une théorie, mais pour moi c'est une manière d'expliciter la façon dont je comprends ce qui se passe. Quand un enfant dit : « moi », eh bien nous savons par le rapprochement entre ses dires et ses dessins par exemple, puisque c'est ça le travail avec un enfant, qu'il a plusieurs manières — l'adulte aussi — de dire sa pensée. Il la dit avec des mots, « eh bien dessine-le », et on voit qu'en dessin c'est autrement. Et c'est comme ça que j'ai pu découvrir ce que j'ai fait, qu'on appelle théorie, c'est-à-dire la description de l'évolution de l'image du corps qui est le substrat relationnel au langage, et du schéma corporel qui est le corps en tant que masse, dans l'espace et le temps, dont répond celui qui parle de ce corps[11]. Il en répond, et il parle à partir de l'image du corps qu'il se fait d'un schéma corporel qui est à peu près semblable pour tout le monde, celui de l'être humain. Et c'est vraiment très intéressant de voir que quand un enfant dit « moi », ça peut être moi-ma-maman, moi-mon-papa, moi-ma-maîtresse, moi-mon-copain, c'est déjà pas lui, c'est lui influencé et parlant comme un autre, mais ça peut aussi être moi-qui-me-sens-être-un-chat, moi-qui-ne-sais-ni-mon-âge-ni-ma-taille-ni-rien-du-tout, et toutes ces fabulations d'enfants où l'on dit : « Il ment », quand un enfant raconte qu'il veut témoigner de ce qui s'est passé avec quelqu'un d'autre et qu'il met parfois dans de grandes difficultés cet adulte dont il parle parce que, aussi bien, il pourrait dire des choses qui n'ont aucune importance sur le plan de la société, en disant : « Untel m'a emmené dans la lune » ou n'importe quoi, et on saurait alors qu'il fabule. Mais parfois, il dit des choses concernant des atteintes à son propre corps, qui sont tout à fait fausses, justement parce qu'il n'a pas une image de son corps conforme au corps qui est le sien. Voilà le travail qui est à décoder tout le temps. Et alors, je ne me sers que de la grille freudienne, mais je la fais servir avant son origine, dans le tout petit âge de l'être humain. C'est ça que j'ai fait.

J.-P. W. : *Est-ce que la psychanalyste que tu es et qui invente une théorie puisque, si je t'ai bien suivie, cela fait partie du métier de l'analyste d'inventer la théorie de ce qu'on fait, est-ce qu'elle croit à cette théorie ?*

F. D. : Oui et non, c'est opérationnel. On s'en sert, mais si on s'aperçoit que cette théorie ne colle pas avec ce qui se passe dans la relation avec un autre, on se dit qu'il faut chercher mieux. C'est tout ce que j'ai fait, toujours.

J.-P. W. : *Est-ce que tu pourrais nous donner un exemple d'un moment où tu as été amenée à modifier la théorie que tu avais ?*

F. D. : Oui, c'était au début. Je me servais de la théorie de Freud, que c'était œdipien les histoires des enfants dans la relation d'amour et de jalousie complexés, conflictuels pour le parent du sexe complémentaire. Mais l'amour et le désir, c'est le contraire ! Par exemple, prenons un petit garçon, c'est son amour identificatoire au père qui fait qu'il veut désirer la mère pour être, avec la mère, comme le père est. Ensuite il aime sa mère aussi mais, pour être comme le père, il faut l'agresser puisque le génie sexuel physique de l'homme sur la femme en vue de la procréation, c'est une agression. Donc aimer sa mère en l'agressant, et en même temps aimer sa mère qui est pour lui celle qui, depuis qu'il est petit, le nourrit, l'agresse parfois si c'est nécessaire ; mais il est en position faible par rapport à elle qui est la forte, et il faudrait en la désirant qu'il devienne en position de force. Ce sont tous les conflits qu'on voit chez les enfants qui sont entre un père et une mère, et où ils veulent jouer leur rôle, c'est-à-dire finalement vouloir commander tout pour être le maître. Tout ceci, Freud l'avait extrêmement bien décrit, avec toutes les angoisses de rétorsion sur soi-même que l'enfant vit parce qu'il a agressé quelqu'un qu'il aime et qu'il s'en punit — l'autopunition ou recherche de la punition de l'autre. Tout ça était vraiment très bien observé, bien qu'il ait fait très peu de psychanalyses d'enfants[12]. Mais ce qui m'a vraiment intéressée c'est quand je me suis aperçue qu'il n'y avait pas du tout de situation triangulaire, en ce sens que l'enfant était, vis-à-vis de son père, dans la même situation que vis-à-vis de sa mère. Il n'y avait pas du tout une attitude sexuée comme Freud l'avait décrit. Il avait parlé de l'œdipe inversé, soi-disant, mais je me suis aperçue que ça n'existe pas. L'œdipe inversé, c'est un dire de psychanalyste à des adultes[13].

En fait, ce n'est pas ça du tout, c'est l'avant-œdipe qui n'avait pas été vécu ni liquidé. C'est-à-dire une question soit de sevrage, soit parfois même de naissance où, pour l'enfant ou pour la mère, il y a eu une erreur, cet enfant n'aurait pas dû naître tel qu'il est, il aurait dû naître tel que, avec son placenta, il était imaginairement projeté quand il naîtrait. Donc l'enfant qui est né n'est pas celui qui devrait être. Il a laissé dans son placenta le rêve de sa mère qui était son identité vraie, et c'est ça qui fait des prépsychoses chez des enfants. Je me suis aperçue qu'il ne s'agit pas du tout d'œdipe. C'est quelque chose qui s'est construit dans les premiers mois de la vie. Et si on se fonde sur l'œdipe pour parler d'un prépsychotique, même un peu plus grand, c'est une erreur car il ne s'agit pas de situation œdipienne puisqu'il n'est pas en mesure d'avoir des désirs en rapport avec son sexe, parce qu'il a été dénié dans son sexe dès le jour de sa naissance. Et c'est comme ça que j'ai compris les images rétroactives qu'un enfant se fait de sa vie fœtale puisque c'est dans l'analyse qu'il apporte que toute sa sexuation, il l'a laissée dans la vie fœtale. C'est à partir de là que l'on peut comprendre le problème qu'à sa naissance il a été désavoué dans le sexe qui était le sien, chose qu'on ignorait complètement, dont les parents ne vous avaient même pas parlé parce qu'ils ne le savaient pas. Si bien que ceci nous conduit ensuite, quand nous avons un enfant en très grand désarroi, à travailler avec les parents pour se rappeler les choses qu'ils ont oubliées, qui étaient à un moment et d'une époque. Parce que ça aidera beaucoup l'enfant si ça peut lui être dit qu'il avait raison de souffrir comme il souffrait, puisqu'il n'était pas en droit d'être dans la vie un être animé au point de départ du sexe qui était le sien étant donné que, par ce sexe, qui était celui de son corps, il était totalement rejeté par la souffrance d'une mère qui l'avait imaginé d'un autre sexe.

Ça veut dire que l'œdipe, c'est quelque chose qui en effet arrive bien, qui peut se faire à la façon dont Freud l'a vraiment très bien étudié, et qui doit être dépassé dans des sublimations de la vie sociale. Mais si, avant l'œdipe, l'enfant était fier de son sexe, d'être un garçon ou une fille sans savoir même où était le lieu du sexe au point de vue cognitif, et si, depuis qu'il est jeune, les difficultés relationnelles qu'il a eues sont venues de situations extérieures, sociales — car il y a des troubles qui viennent d'événements sociaux —, mais qui n'ont pas entamé son identité la plus profonde, qui est une identité à la fois individuée dans un sexe et en même temps un sujet respecté dans son désir, alors ça nous oblige à reculer l'histoire de l'œdipe à bien avant les conflits de l'âge que nous appelons anal (c'est l'âge de la force musculaire, de la délimitation de soi par rapport au monde extérieur). Cette délimitation, il faut qu'elle soit bien en accord avec l'anatomie du corps qu'a l'enfant, cette anatomie qui peut avoir été blessée, par exemple par une poliomyélite ou par un accident. Ce qui est très intéressant, c'est que le corps, qui anatomiquement est blessé — quand c'est chez un très jeune enfant —, peut provoquer des troubles psychiques si, dans la parole, l'image du corps saine — qui n'est pas blessée, qui n'est pas entamée — ne lui est pas donnée, ou si lui n'a pas le droit de prendre la parole comme un être non blessé. Exemple : un enfant qui a une polio à un an ; si sa maman est enseignée par un psychanalyste — maintenant on peut le savoir par la psychanalyse — que, dans le langage, il n'a pas à se considérer comme un être infirme, il a une image du corps qui est tout à fait saine si on la lui laisse être saine dans les fantasmes. Au contraire, si tout le temps on lui dit qu'il ne peut pas imaginer qu'il marchera parce qu'il ne marchera jamais dans la réalité, on va le rendre un infirme dans la marche symbolique de la vie et dans la conduite symbolique de sa vie. Si j'ai apporté quelque chose c'est que l'image du corps est distincte du schéma corporel, et se structure croisée au schéma corporel, chez un être humain, en se développant à travers les plaisirs et les peines qu'il éprouve, et qu'il s'identifie à un corps qui lui apporte suffisamment de plaisir. Et si ce plaisir n'est pas apporté sur le plan du corps en tant que jouissance corporelle, il y a des compensations dans la jouissance relationnelle du langage.

J.-P. W. : *Tu viens d'employer les deux termes : est-ce que tu fais une différence entre plaisir et jouissance ?*

F. D. : Oui. La jouissance, je la comprends comme un fait du corps qui arrive à la jouissance telle qu'elle est décrite au point de vue génital, c'est-à-dire un acmé après lequel il n'y a plus de sensation mais le repos. Cette jouissance est précédée de plaisir, quelquefois de déplaisir, mais l'être humain recherche le plaisir. Pour un jeune enfant de deux ans, deux ans et demi, c'est un plaisir de courir, vraiment, il prend son pied — si l'on peut dire — en courant, et il arrive à un acmé où il n'en peut plus ; il faut bien qu'il s'arrête, mais il a un véritable orgasme narcissique dans sa course. Eh bien, il est certain qu'un enfant paraplégique ne peut pas avoir cette course, il ne pourra avoir ce plaisir dans son corps, mais il peut l'imaginer, il peut avoir le plaisir de l'imagination à travers un récit, surtout s'il peut raconter qu'il court avec quelqu'un qu'il aime, et que ce quelqu'un ne lui freine pas tout le temps son imagination en pleurant parce que « le pauvre petit, il ne pourra jamais courir ! ». Au contraire, en lui disant : « Eh bien, dessine comment c'est quand nous courons ensemble, et où nous irons, etc. », alors l'image du corps peut continuer de se développer, bien que le corps ait été atteint dans ses forces squeletto-musculaires et neurologiques, mais pas le sujet. Le sujet n'est pas le corps, et c'est quelque chose qui trouble le plus les gens dans ma théorie — ce qu'ils appellent ma « théorie » —, c'est qu'elle est spiritualiste. Peut-être, je n'en sais rien. En tout cas, je sais que le « je » n'est pas le « Moi », et que le « je » se sert du « Moi » comme l'instrument qui nous est donné par la nature, qui est notre corps, mais que le « je » ne se réduit pas à ce corps, et qu'il est surtout communication pour le plaisir avec un autre sujet avec lequel on parle, pas seulement de langage, mais avec qui on est en langage de communication pour le plaisir des deux, de celui qui en a l'initiative, mais aussi de l'autre auquel il l'associe. Et s'il ne peut pas arriver, jamais, à associer quelqu'un d'autre à son plaisir, alors il ne peut pas se développer non seulement dans son image du corps mais aussi dans son schéma corporel, et il s'en trouve atteint. D'où ces blessures qui touchent au corps humain et qui empêchent de se développer, parfois même ce sont des enfants dont le corps tout entier ne se développe pas. Nous en voyons parfois, on s'inquiète, ils vont peut-être vers un nanisme, ils ne grandissent pas, c'est psychogène. Dans une relation psychothérapique qui s'installe, l'enfant retrouve une communication qui devient vivante et un plaisir à vivre, il se met à grandir tout à fait normalement. Or que se passe-t-il ? C'est un travail entre l'image du corps et le schéma corporel. L'image du corps a une influence sur le schéma corporel, et inversement.

J.-P. W. : *Je suppose que ça t'a servi à élaborer une théorie un peu différente de celle à laquelle on est habitué concernant ce qu'est un traumatisme.*

F. D. : Oui. On voit beaucoup de gens penser que le traumatisme est un fait réel qui se passe au corps. Si un fait réel se passe au corps, quelle influence a-t-il dans la manière dont l'enfant a perçu l'atteinte à ce qui faisait son identité ? Si son identité sexuée — qui est une identité de fils d'Untel et de fille d'Untel depuis son origine — n'a pas été atteinte, ce traumatisme ne le marque pas pour en faire un névrotique. Il s'en souviendra ou il ne s'en souviendra pas. Il y aura une cicatrice à son corps, il n'y aura pas de cicatrice à son cœur, à sa psyché, et il continue dans la vie avec la même confiance en lui bien qu'il y ait eu un accident. Voici une chose banale : un enfant a la phobie des chiens. Les gens croient que c'est parce qu'il y a eu un chien qui l'a attaqué, or ce n'est pas vrai. Sur dix enfants qui ont peur des chiens, il y en a un peut-être qui a été mordu, et dont la mère a fait un tel plat au lieu de lui expliquer : « Écoute, ce chien t'a mordu. Bon, on en parle, on en parle beaucoup, mais tu grandis tout aussi bien, tu es tout à fait pareil, aussi beau qu'avant et tu n'as pas besoin d'avoir peur de tous les chiens parce qu'un chien t'a mordu, tu seras prudent et c'est tout. » Mais pour les autres, c'est une phobie qui est totalement imaginaire. C'est ce qu'ils projettent de leur propre agression dentale, datant d'une période archaïque de la vie, avant qu'ils n'aient la parole, qui s'est projetée sur un chien, lequel les a attaqués à un moment où eux pensaient quelque chose par rapport à qui soutient leur identité, leur père ou leur mère. Ça les atteint d'une blessure, plus ou moins petite ou grande, qui va en faire des petits phobiques un certain temps — ou des phobiques à vie — d'un certain type de créatures dont ils ont à craindre quelque chose.

J.-P. W. : « *Blessure* » *est un mot que tu emploies très souvent.*

F. D. : Oui, parce que c'est un mot qui touche autant le physique que le psychique.

J.-P. W. : *Je t'ai entendue l'employer par exemple pour « transmission blessée ». Tu parlais de la psychanalyse comme quelque chose qui était de l'ordre de la transmission blessée*[14]. *Mais en fait, ce n'est pas de la blessure physique, de l'atteinte corporelle que tu parles, c'est d'une autre blessure.*

F. D. : C'est de la blessure de l'image du corps à travers une blessure imaginaire ou réelle du schéma corporel — mais ça peut être une blessure imaginaire du schéma corporel —, par la relation que l'enfant a avec la personne de laquelle dépend la structure de son identité.

J.-P. W. : *Revenons un peu en arrière, si tu veux. Tu dis : « Je dois l'essentiel de ma théorie à Freud, et le reste, je l'ai découvert avec les enfants dont je me suis occupée. » Il y a une chose qui frappe c'est que tu sembles faire l'impasse sur quelqu'un qui a été je crois un maillon important, en tout cas pour nous*[15], *entre Freud et toi, c'est Melanie Klein*[16].

F. D. : Je fais l'impasse complètement parce que, pour moi, Melanie Klein avait un effet thérapeutique par sa présence tout à fait étonnante. La première fois que je l'ai vue, je me suis rendu compte de ça.

J.-P. W. : *Tu l'as rencontrée ?*

F. D. : Oui, je l'ai rencontrée plusieurs fois. Je l'ai rencontrée chez la Princesse qui avait fait des réunions de psychanalystes internationaux[17]. Elle me faisait l'effet d'une nurse anglaise, très gentille avec les enfants, et très gentille si elle avait un aréopage autour d'elle qui l'écoutait, alors elle était contente. Mais en fait elle jargonnait quelque chose qui était tout le temps : « la scène primitive » — quand elle parlait théorie —, mais la scène primitive et les instruments de la scène primitive, les instruments fonctionnels, le vagin, le pénis, c'était tout pour elle. La sexualité, pour elle, c'était le vagin, le pénis. À tous les enfants, quoi qu'ils fassent, elle disait toujours qu'ils voulaient mettre le pénis dans le vagin à maman, et l'enfant ne savait peut-être même pas ce que les mots qu'elle disait signifiaient au point de vue de la représentation anatomique. Elle avait certainement un comportement rassurant, sécurisant par son corps et par la masse qu'elle représentait pour les enfants, mais avec des enfants plus grands — parce que j'ai assisté à des contrôles qu'elle faisait et j'ai été horrifiée par ce qui se passait et qui n'était pour moi pas du tout conforme à ce qu'est un être humain —, c'est comme si cet être humain était, par elle, morcelé en morceaux de corps dont elle lui parlait. C'est ça qui m'étonnait. Le sujet était réduit à être un corps, et les relations aux gens étaient pour elle, à travers les mots qu'elle disait, des relations de parties de corps partiel avec d'autres parties de corps partiel[18]. Car, pour moi, le corps est partiel par rapport à l'être humain qui n'est total que s'il y a un sujet. Alors, si en plus le plaisir sexuel c'est de prendre son pied, certainement pas ! C'est une façon tout à fait parcellaire, pour de rire, ce n'est pas ça la jouissance. La jouissance est un dépassement dans le don à l'autre, pendant que l'autre se dépasse en se donnant à l'autre, et qu'on est dans un *no man's land* d'au-delà des deux corps.

Mais les enfants connaissent ça aussi, le plaisir au-delà du corps, qui est la tendresse éprouvée dans la relation à la mère, et quelque chose qui n'est pas seulement d'ordre sexuel au sens allant-devenant génital, il y a autre chose. Je trouve que Melanie Klein a réduit l'être humain à n'être qu'un organisme sensoriel de jouissance, et c'est très dommage parce que c'est une amputation de la théorie et de la science de l'homme qu'a découvertes Freud. Est-ce que c'est ton avis ?

J.-P. W. : *Moi, elle ne me sert à rien pour travailler. Mais je sais que beaucoup de collègues, dans le monde, ont une estime particulière pour elle. Je n'ai jamais compris à quoi sa théorie servait.*

F. D. : Pour moi c'est comme un début « pour de rire », parler de la psychanalyse « pour de rire ». La relation de transfert que nous avons à un psychanalyste est tout autre. La théorie ne suffit pas à l'expliquer, et probablement que si les patients qui ont fait une analyse kleinienne sont arrivés à dépasser les épreuves qui les avaient marqués, et à vivre sans plus être les éponges d'angoisse que sont les gens qui viennent en psychanalyse — car pour faire ce travail il faut vraiment être très angoissé, sinon on ne le ferait pas —, alors c'est que malgré, à travers cette théorie qu'avait la personne qui acceptait de subir le transfert, il se passait beaucoup d'autres choses qui les ont guéris. Et c'est pour ça que je te dis : « La théorie, on ne peut pas s'y arrêter », et dire que c'est la théorie qui fait le psychanalyste, certainement pas. Il a besoin d'une théorie parce que sans ça il ne supporterait pas le transfert qu'il subit, il faut qu'il se l'explique. C'est une théorie si ça aide d'autres à travailler.

J.-P. W. : *Il y a une nuance par rapport à ce que tu disais : « La théorie comme ce qui aide le psychanalyste à supporter le transfert. »*

F. D. : Oui, puisque pour la psychanalyse, il s'agit de comprendre les processus qui se passent pour quelqu'un qui parle et qu'on écoute. À travers ce qu'il dit de ce qu'il perçoit de son analyste, on entend qu'une relation s'établit autour de sentiments, d'affects, comme nous disons, des pulsions de désirs et des suppositions de désirs de l'autre à l'égard du patient qui lui font, par réminiscences et associations libres d'idées, se référer à d'autres expériences de sa propre vie avec d'autres personnes. C'est ça le travail et la compréhension du transfert.

Quand on écoute tout ça, il faut bien, pour classer, comprendre ce qu'il se passe : « Ah oui, il me met à la place de son père... », mais pour moi, ce que j'ai approfondi c'est : il me met à la place de son père — c'est pas du tout parce qu'on est femme qu'on est mise à la place de la mère —, ... à la place de son père de quelle époque ? quand il se croyait qui ? C'est ce que j'ai appelé un jour : qui parle à qui ? par quoi ? et à quel moment aussi dans la période d'analyse ? par quelle partie de son corps est-il en train de parler sans le savoir ? ou quelle est la partie de son corps qu'il met complètement en éclipse pendant qu'il est en train de parler de tout autre chose comme à une autre époque de sa vie, ou comme s'il ne supposait pas que l'analyste avait aussi un corps complet. J'ai beaucoup finalement travaillé avec l'idée que se fait de son corps un patient, à travers les mots qu'il dit. C'était peut-être nouveau au début quand j'ai commencé, et ça vient des enfants.

Par exemple, j'ai vu un enfant : il vient et dit qu'il est phobique, visiblement il l'est. Il vient à la consultation parce que ni l'école ni les parents n'arrivent à rien tellement cet enfant est timide. Il ne peut pas parler, il est effrayant d'angoisse et il ne dort pas la nuit. Quand tu vois cet enfant, tu lui dis : « Est-ce que tu veux dessiner ? Est-ce que tu aimes dessiner ? » Il fait un dessin, le dessin tremble tellement il a peur de cette relation comme de toutes les autres. Il ne rêve que d'une chose c'est de faire des tanks qui se battent, mais jamais on ne peut avoir un tank sur le papier, on voit un petit bout de canon d'un côté et de l'autre du tank, et qui visent chacun tout à fait dans un autre sens. Bien sûr que ça c'est une image du corps qu'il nous donne.

J.-P. W. : *Explique-nous ça parce que ça n'est pas évident !*

F. D. : Le canon est une représentation dans le temps et dans l'espace. Revenons à Melanie Klein. Il y a un enfant, son analysé — c'est le cas Dick — qui lui a dit un jour : « Tais-toi, laisse-moi jouer ! » Finalement elle a eu peur de lui, il l'a mise *manu militari* dehors, il avait douze ans. Elle est restée à la porte, et elle a dit : « Voyez, il faut continuer jusqu'à ce qu'il tombe dans la phase de dépression anaclitique[19]. » Il s'est tu, il n'a plus rien dit et elle ne l'entendait plus, donc il se déprimait puisqu'il ne lui disait plus des sottises, alors on pouvait le lâcher, mais qu'il ne vienne pas trois fois par semaine à sa consultation. C'était un enfant tout à fait pauvre de Londres, qui était amené par une assistante sociale pour jouer avec Mme Melanie Klein. Quand elle avait commencé, il voulait trouver un train. Un train, c'est un moyen de transport — je veux bien que ça soit dans le langage, le transport ça peut être un transport amoureux —, il y n'avait pas de train, mais il se trouvait qu'il y avait toujours, quand un enfant entrait, un lit avec une poupée garçon et une poupée fille, l'un à côté de l'autre, pour montrer que c'est le lit conjugal. C'est comme ça qu'elle joue avec des choses et fait jouer avec des choses — moi je ne me sers pas d'objets tout faits, je ne me sers que de pâte à modeler et de crayons pour que l'enfant puisse créer lui-même ce dont il veut parler. Alors, comme il avait besoin d'un train et qu'il n'y en avait pas, il a renversé le lit et ça a servi de train, et naturellement, pour elle, il faisait sortir du lit le père et la mère, il ne voulait pas que papa et maman soient ensemble au lit, et tout était comme ça, alors que c'était un enfant qui n'avait pas un jouet chez lui, qui était d'une population tout à fait démunie du point de vue socio-économique.

J.-P. W. : *Elle ne tenait pas compte de ce qui était spécifique de l'enfant...*

F. D. : ... et elle ne tenait compte que de ses projections sur l'objet dont il était question, alors que nous voyons qu'il suffit de mettre un bout de pâte à modeler : « c'est papa », « c'est maman », c'est n'importe quoi, à partir de là ça démarre dans la relation. Tandis que prendre un objet qui est tout fait pour s'en servir pour autre chose, tous les enfants jouent à ça, et ça n'est pas du tout parce qu'ils veulent que cet objet n'existe pas. J'ai souvent décrit un enfant qui fait un fauteuil — je l'ai décrit dans mon séminaire[20], je crois —, et grâce à ce fauteuil : « Qui ce serait si c'était une personne ? » Immédiatement c'était le grand-père, et : « Où il serait ? » — « Au grenier », et le grand-père était celui qui empêchait de vivre à la maison. Il avait apporté tous ses meubles, on ne pouvait plus bouger, les parents espéraient qu'il mourrait, eh bien il ne mourait pas parce qu'il était trop solide, et ils feraient mieux de le mettre au grenier, mais malheureusement on ne l'avait pas mis au grenier. Et c'est comme ça que l'enfant apporte les problèmes qui sont les siens et qui font qu'il a des difficultés relationnelles car il ne pouvait pas les dire. C'est ça le travail analytique, mais ce n'est pas projeter que l'enfant est tout le temps par rapport à la génitude, et la génitude manifestée par l'instrumentation du coït, ce n'est pas ça du tout la psychanalyse. Mais c'est ça qui, caricaturalement, ressort du travail, des paroles de Melanie Klein, probablement pas de son contact humain et secourable auprès des enfants qu'elle voyait.

J.-P. W. : *Ce qui est énigmatique dans la psychanalyse c'est que, même avec une théorie de branque, ça peut fonctionner quand même.*

F. D. : Le fait de s'intéresser à quelqu'un est tellement gratifiant pour le narcissisme que je crois qu'on peut arriver à conserver quelqu'un « en suivi », comme ils disent maintenant. On ne sait pas ce que c'est mais on fait un « suivi » avec quelqu'un, pourquoi pas ? Tout est psychothérapie. Mais la psychanalyse ce n'est pas une psychothérapie, c'est une méthode très particulière.

J.-P. W. : *Peux-tu nous dire comment tu fais la différence entre ce qui est psychanalytique et ce qui est psychothérapique ?*

F. D. : Ce qui est proprement psychothérapique a un but, c'est de faire disparaître le symptôme. Ce qui est psychanalytique, c'est de comprendre un être humain qui se trouve avoir des symptômes, mais ce n'est pas ce symptôme que l'on vise. S'il souffre de ce symptôme, il se trouve que plus il se comprendra dans sa relation aux autres, probablement ce symptôme disparaîtra du fait que l'énergie qui y est employée va être employée dans une communication plus gratifiante, et qui n'aura pas besoin d'être fixée sur une partie de son corps qui souffre — puisque ce symptôme en est une preuve —, ou qui n'est pas disponible dans le langage puisqu'il répète toujours la même chose. Un symptôme, ça fixe quelqu'un dans un type d'échanges, que ce soient des échanges avec le monde cosmique comme les symptômes digestifs, que ce soient des échanges avec la société comme des tics ou des symptômes de la parole, des bégaiements par exemple, des hémiplégies hystériques, des cécités psychogènes ou des acousies, des hypoacousies ou des hyperacousies qui gênent la communication avec autrui. Tout ça ce sont des symptômes, mais on ne vise pas à leur disparition. On vise à comprendre la personnalité tout entière dans sa relation à elle-même et au monde, et qu'il y ait suffisamment de gratification pour que la communication avec les autres et avec soi-même ne soit pas tellement conflictuelle que l'angoisse surmonte, surnage et empêche le libre jeu de la communication.

C'était Lagache[21] qui avait apporté un mot que j'avais trouvé intelligent, qui m'avait aidée momentanément — j'avais été alertée par quelqu'un : « Ne vous servez pas des signifiants des autres avec la façon dont vous travaillez » —, il avait parlé d'inter-systémique et d'intra-systémique pour les troubles qui sont dus au mauvais fonctionnement du corps : c'est intra-systémique dans le système de ce sujet et de son narcissisme, et inter-systémique entre les humains. Pourquoi pas ! C'était une manière abstraite, à la sorbonnarde. Ça ne m'avait pas choquée du tout et je trouvais que ça recouvrait assez bien les difficultés relationnelles dues à l'angoisse qui se vit à l'intérieur de quelqu'un, ou à l'angoisse qui s'exprime dans la relation aux autres. C'était une théorie, celle-là n'a pas pris. Pourquoi une autre prendrait-elle ?

Ce qu'on appelle ma « théorie », je ne crois pas que ce soit une théorie, je crois que « tout se passe comme si ». C'est beaucoup plus une description de processus qui peut aider les psychanalystes à comprendre ce qui se passe dans la relation des enfants à eux. Je parlais d'un enfant phobique, complètement inhibé et incapable d'autodéfense, et même — je me souviens très bien de ce petit — presque incapable d'avoir l'instinct de conservation, un prépsychotique dirait-on dans la description clinique des enfants qu'on mène à l'hôpital. On a mis sept séances avant qu'il y ait un tank entier qui puisse être dans le cadre de la feuille, et que ce tank puisse viser un objectif qu'il s'était donné, qui était l'autre, qui était l'ennemi. Mais c'était une angoisse épouvantable à l'idée que vraiment il pourrait se rencontrer dans un acte imaginaire qu'il dessinait. Je crois que si on avait pris les canons pour des pénis qui ne pouvaient pas viser, on n'aurait pas du tout aidé cet enfant qui était dans un problème qui datait depuis qu'il était tout petit, dont je ne me souviens plus maintenant, qui se rattachait à une identité qui lui avait été déniée quand il était né parce qu'il aurait dû naître fille et que, malheureusement pour lui, après lui il n'y avait eu que des garçons. Et au troisième garçon, son père avait perdu la face, qui était incapable — et sa mère le lui reprochait — de lui donner une fille, incapable de faire une fille, donc son homme était bon à rien. Et la mère était profondément homosexuelle, comme on pourrait dire une prostituée légale de son mari, mais qui n'était jamais satisfaite puisque ce qu'elle aurait voulu c'est avoir une fille pour se l'adorner parce qu'il lui manquait cette féminité vraie — puisque le drame des prostituées, je ne dis pas de toutes mais de beaucoup, c'est de ne pas avoir de féminité.

*Symbole universel
et symbolique singulière*

J.-P. W. : *Tu reproches à Melanie Klein l'idée du canon du tank qui ne peut que symboliser un pénis. C'est un reproche que l'on t'adresse souvent, à savoir que Dolto, on lui donne un dessin d'enfant, elle ne connaît pas le gosse, elle ne connaît pas l'histoire, elle ne sait pas de quoi il s'agit, elle ne sait pas de quoi il souffre, mais déjà elle peut dire dix mille choses sur le dessin indépendamment de la connaissance de l'enfant.*

F. D. : Oui mais c'est vrai. Je ne connais pas psychanalytiquement cet enfant, mais je connais quelque chose se rapportant à son schéma corporel ou à son image du corps, et je peux donner l'exemple d'où c'est sorti parce qu'il y a toujours quelque chose qui fait sortir une légende. Pendant la guerre, où les Allemands ne permettaient pas qu'on se réunisse, on se réunissait tout de même tous les quinze jours — ceux qui travaillaient avec les enfants — chez l'un chez l'autre pour que les concierges ne nous reconnaissent pas et ne nous signalent pas. Donc un jour, chez moi, il y avait Juliette Favez-Boutonier[22] (elle n'était encore que Boutonier à l'époque, elle n'était pas mariée), André Berge et moi qui nous réunissions, et il y en avait encore deux autres qui n'ont pas continué vers la psychanalyse d'enfants après[23]. Et Berge, qui était à ce moment-là chez Heuyer, apporte les dessins d'un enfant en disant : « Écoute, je n'y arrive pas. J'ai fait au moins une quinzaine de séances avec cet enfant que je trouve totalement sain dans sa relation, dans son être, et c'est un pisseur, pas spécialement au lit, quelquefois, mais surtout sur lui. C'est un enfant qui est trempé d'urine et c'est très gênant, il a dix ans maintenant. » Alors on regarde tous les dessins, on les étale. Est-ce que, par les dessins, cet enfant dit quelque chose qui montrerait un désordre qu'il ne montre pas, qui n'est pas décelable dans la relation, et qui n'avait pas été décelable aux tests qu'on faisait à cette époque-là, des tests de quotient intellectuel ? Je regarde sept ou huit dessins et je dis : « Écoute, il est extraordinaire ton gars ! — Quoi, qu'est-ce qu'il y a d'extraordinaire ? — Il faudrait tout de même savoir s'il n'a pas un hypospadias ! — Pourquoi ? — Regarde, la fumée sort à côté de la cheminée, tous les chemins arrivent à côté de la porte. Pourtant, les branches des arbres ne sont pas à côté du tronc. Quand c'est du végétal représenté c'est bien représenté, mais quand c'est quelque chose qui sort de quelque chose c'est à côté. » Il regarde et dit : « Ce n'est pas possible, chez Heuyer on n'a pas envoyé un hypospadias ! » Et puis la fois suivante, ça se passait chez Juliette. Alors, dans l'escalier, ça hurle — alors que Dieu sait qu'on avait peur des hurlements dans les escaliers pendant la guerre ! « Qu'est-ce qui se passe ? » C'était Berge qui en bas de l'escalier hurlait : « Françoise ! Françoise ! c'est génial ! — Chut, tais-toi, tu vas réveiller, tout le monde va sortir ! » Et alors il monte et il me dit : « C'était un hypospadias qui était passé inaperçu ! » Alors voilà un type qui se mouillait, on lui reprochait, on le rendait coupable de se mouiller, or quand il urinait, il était obligé d'uriner sur son froc, il ne pouvait pas faire autrement puisqu'il avait un hypospadias. Le méat urinaire était à la racine de la verge et c'était passé complètement inaperçu. Alors cette incontinence qu'il avait la nuit était une incontinence de vessie, mais quand il urinait et qu'il était habillé, avec ses vêtements, forcément il était obligé de se mouiller. Eh bien, c'était une hypothèse pour moi : un dessin est une représentation qui peut être une représentation du corps, mais ça peut être aussi la représentation de l'image du corps, qu'il exprimait en plus de ce qu'il avait à exprimer. Je n'en savais rien et c'est la vérité de la clinique qui m'a fait comprendre qu'en effet c'était une chose du schéma corporel et non de l'image du corps. À ce moment-là, je ne le comprenais même pas comme ça. Je savais que des enfants montraient, par leurs dessins, des choses qui étaient d'un comportement impossible de leur corps et qu'ils auraient bien désiré qu'il soit autrement. Le petit phobique qui tremblait, tous ses dessins étaient tremblés, il était phobique au point d'être terrorisé sans arrêt. On est arrivé très lentement en lui faisant comprendre que : « Tu n'arrives pas à faire un trait, est-ce que tu voudrais le faire droit et tu ne peux pas y arriver ? » L'intention et le résultat, c'est comme ça que je travaillais avec un enfant. Et on arrivait à étudier d'où venait sa peur : sa peur avec moi, comme avec qui ? Tout à fait freudien, comme avec les adultes. Pour moi, je ne fais pas de différence dans l'attitude de l'analyste vis-à-vis de l'enfant ou vis-à-vis de l'adulte, c'est l'enfant qui est différent d'un adulte.

J.-P. W. : *Je t'ai entendu dire que le dessin de l'enfant c'est ce qui est équivalent à ce qu'est le rêve de l'adulte. Est-ce que, quand tu as écouté des adultes en analyse — et je sais que tu as écouté certainement plus d'adultes que d'enfants —, tu écoutes les rêves aussi dans cette dimen-*

sion du schéma corporel, c'est-à-dire comme le rêve parlant du schéma corporel, parlant du rapport entre le schéma corporel et l'image inconsciente du corps ?

F. D. : Mais absolument ! Comment ? Il faudrait prendre un exemple. Même quand les gens sont sur le divan et qu'ils disent un état émotionnel, je leur demande si, dans leur corps et à quel endroit, ils ressentent l'émotion dont ils sont en train de parler en mots. Et c'est très important cette question qui les fait alors associer sur tout autre chose, simplement le questionnement. Je crois — enfin je suis sûre même — que les interprétations, en analyse, ce ne sont pas des dires déclaratifs, ce sont des questions qui permettent d'associer autrement, c'est questionner quelqu'un. Avec un enfant, la même chose, c'est l'enfant qui analyse ses dessins. Je faisais un séminaire pour les éducateurs, les gens qui sont au contact d'enfants, pour qu'ils aient un meilleur contact avec les enfants avec lesquels leur métier leur imposait de travailler[24]. Il y avait des professeurs, des infirmières, des puéricultrices, il y avait des psychologues, c'était très intéressant parce que le travail consistait à : « Voilà un enfant qui me fait problème, je suis maîtresse d'école, je suis professeur de ci, je suis kinési, etc., et voici les dessins que cet enfant fait par ailleurs, pas pour moi, mais dans l'école ou pour lui-même. Je lui ai demandé s'il aimait ou si elle aimait dessiner, je lui ai dit : "Apporte-moi tes dessins, peut-être que nous comprendrons mieux les difficultés que tu as", c'est tout et il m'apportait ces dessins. » En même temps, cette personne relatait sa relation à l'enfant. Ce séminaire, qui aidait les gens à travailler avec leurs enfants, moi m'a énormément appris parce que j'ai vu comment des enfants, dans la vie, donnaient des dessins qui correspondaient à ceux d'enfants que j'avais soignés, et ça me permettait de pouvoir les aider. Voilà une chose qui, pour le dessin d'enfant, est très intéressante. Un jour, une Américaine du Sud psychanalyste psychologue, en stage dans un service hospitalier à Paris, en chirurgie cardiaque — des enfants qui sont là en attente pour une opération pour le cœur —, m'a dit : « Si ça peut vous intéresser, je fais faire des dessins pour entrer en contact avec les enfants. » J'ai dit : « Mais bien sûr ! » Alors nous avons vu une vingtaine d'enfants, vingtaine de dessins. Elle leur disait tous la même chose, quel que soit leur âge — ils avaient à peu près, avant dix, onze ans, tous : « Tu fais un paysage que tu fais le plus joli possible, et puis c'est tout. » C'était sa manière de parler, cette psychologue, avec eux, c'était sa façon — pourquoi pas ! — de travailler, d'être, de vivre avec des enfants qui étaient au lit. Et alors j'ai été très étonnée, comme tout le monde aussi, de voir ces dessins être exceptionnellement, par rapport à ceux des autres enfants du même âge, remplis d'oiseaux et de ramures d'arbres, alors qu'ils ne se copiaient pas, ils étaient dans des lits différents. Et le travail de dessiner les ramures des arbres, pas du tout celui des enfants qui courent et qui ont leur liberté respiratoire qui n'est pas mise en question, du tout. Voilà une chose qui est très étonnante. Tout d'un coup, au milieu de ces vingt dessins, un seul personnage boursouflé, rouge comme une espèce de clown, gros ventre, un nounours rouge éclatant, comme ça, pétant de rouge et gros, même âge. Alors je lui dis : « Écoutez, celui-là n'est pas du tout comme les autres, vous voyez ? » Tout le monde a été frappé. « Si vous pouviez savoir quelle est la caractéristique de la maladie cardiaque de celui-là par rapport aux autres... » Elle revient huit jours après — parce qu'elle ne savait pas du tout ce que ces enfants avaient au point de vue organisme, elle savait qu'ils étaient tous dans un service cardiaque —, et elle dit : « C'est extraordinaire. Vous savez, celui-là, ce n'était pas du tout un cardiaque. On l'avait mis là dans le service de cardiologie parce qu'il n'y avait plus de place en chirurgie. Il venait d'être opéré d'une torsion des testicules, et on l'a mis dans cette salle-là parce qu'il y avait la rougeole en médecine. On n'a pas voulu le mettre en médecine après son opération, alors on l'a mis chez les cardiaques. » C'est un enfant qui avait mis une espèce de bonhomme boursouflé, gonflé et rouge qui remplissait la place de la feuille, qui était complètement différent d'un cardiaque. Des choses comme ça vous font réfléchir même si on ne va pas tout de suite en sortir une théorie, mais voilà : observer, recevoir. Avec les enfants, on n'a pas seulement à recevoir des paroles, on a à recevoir des représentations graphiques, des représentations plastiques. Les représentations graphiques, c'est Mme Morgenstern qui m'y avait initiée — je te dirai comment —, et les représentations plastiques dans les trois dimensions, c'est moi qui l'ai apporté en me disant : il y a des enfants qui ne savent pas, qui ne peuvent pas du tout s'exprimer en dessin, mais ils s'expriment en faisant du modelage. Il y en a qui ne s'expriment que par de la couleur et sans dessin, mais presque toujours ceux qui s'expriment par la couleur s'expriment aussi par le modelage ; ils font des formes qui sont pour eux représentatives. L'important c'est que pour eux, ça soit représentatif de quelque chose, même si moi je n'y reconnais pas un bonhomme. Lui dit que c'est un bonhomme, bon..., on parle à partir de ce bonhomme qu'il a signifié, qu'il a représenté à la façon qu'il pouvait. N'empêche que je n'oublie pas que le bonhomme a été représenté de telle manière, sans bras ou sans jambes, ou simplement avec une tête et un corps. Enfin, c'est pour lui un corps. Comment est-ce que ça peut être un corps ?... Donc l'image du corps humain pour lui c'est comme ça. Mais l'enfant représente l'être humain sous toutes les formes. Il anthropomorphise tout, et il faut être prêt à comprendre qu'un fauteuil, ça peut être le grand-père, d'ailleurs c'est lui qui le dit. Et c'est très facile de faire inventer à un enfant la relation que quelqu'un, pour lui, est métaphorique — parce que, au début, c'est anthropomorphisé puis, plus tard, quand il a sept ou huit ans c'est métaphorique. « Ah oui ! ce fauteuil, on pourrait bien dire que c'est grand-père. Il est bien encombrant, il est là, il occupe tout, et il devrait plutôt être usé, mais il est trop solide ce grand-père, etc. » Il ne vous le dit pas directement, mais il vous le dit un peu comme ça, par métaphores, avec ce fauteuil, et tout est comme ça.

J.-P. W. : *On revient à cette idée du dessin d'enfant qui est de l'ordre de la représentation, c'est-à-dire qu'il essaie de dire autre chose avec son dessin.*

F. D. : Il dit son problème, il dit le problème global qui est le sien en le projetant dans des dessins. Mme Morgenstern a commencé à se servir de dessins chez un enfant mutique, et cet enfant a guéri au bout d'une cinquantaine de dessins, il s'est mis à parler. Alors c'est là où elle était psychanalyste : elle ne s'est pas arrêtée là, elle a, avec l'enfant, revu tous ses dessins et il a interprété, lui, ce qu'il avait montré dans chacun des dessins qu'il avait faits dans la période mutique de sa vie, et c'est comme ça qu'on a pu comprendre le conflit qui était le sien dans son mutisme.

J.-P. W. : *Tu disais qu'il est indispensable que l'enfant produise lui-même le matériel associatif qui va permettre de comprendre son dessin. Mais y a-t-il des constantes dans le dessin d'enfant ?*

F. D. : Oui, il y a des constantes dans la structure de la maison, par exemple. La maison, le carré avec un toit triangulaire c'est une constante qui existe même dans les pays où il n'y a pas de maisons comme ça. Les enfants petits font les maisons forme niche à chien qui, allongées, font le clocher d'église. La partie latérale a un toit trapézoïde, et ce même toit trapézoïde sert à faire la carène des bateaux. Quand, dans tous les dessins d'un enfant, tu as le même toit qui a une section qui, d'un côté, est rectangulaire et non trapézoïde, et que tu le trouves aussi dans les carènes de ces bateaux, c'est une constante. Chez le même enfant, tu as la constante des représentations des formes géométriques dont il se sert pour dessiner.

J.-P. W. : *Mais aussi d'un enfant à l'autre ?*

F. D. : Et aussi d'un enfant à l'autre, oui, c'est intéressant.

J.-P. W. : *Est-ce qu'il y a des constantes non seulement des figurations des dessins d'enfants, mais aussi des constantes de leur signification ? Je vais éclairer ma question en comparant avec ce que Freud dit du rêve de l'adulte. Pour lui, il est indispensable que le patient fournisse les associations d'idées qui permettent de comprendre le rêve, mais en même temps, il dit des choses pointues sur certains éléments du rêve qui sont des constantes quant à leur sens. Il dit par exemple : le chapeau c'est ça, le parapluie c'est ça. Alors est-ce vrai aussi pour le dessin d'enfant ? Est-ce que tu peux donner quelques exemples ?*

F. D. : C'est exactement la même chose en dessins d'enfants. Par exemple, pour les enfants d'aujourd'hui — dont les pères ne portent pas de chapeau, presque aucun —, un homme a un chapeau, et s'il n'a pas de chapeau c'est que ça ne va pas avec son père, qu'il ne le voit pas coiffé de l'autorité. De même, chez un enfant petit, un homme a ou une canne ou une pipe et quelquefois les deux, or les hommes — ou son père — ne fument pas ou ne fument pas la pipe. C'est un signe de phallisme oral, pourrait-on dire en psychanalyse, qui traduit chez l'enfant que, pour lui, il a vraiment la parole. Avoir une pipe c'est avoir la parole, signifier qu'il sort quelque chose qui a une forme valable et représentable, et qui confirme cette personne dans le fait que de sa bouche sort quelque chose qu'on ne peut pas supprimer. Les femmes ont des paniers ou des sacs, et c'est à ça qu'on voit qu'une petite fille sait qu'elle est une fille. À partir du moment où l'enfant a reçu ce qu'on appelle la castration œdipienne, ou est tout du moins en cours de l'œdipe mais sait qu'il est un garçon, il dessine une des jambes qui est un trapèze large en haut et fin en bas, alors que l'autre jambe est un grand rectangle, ou un cylindre si c'est en volume. Et la même chose si c'est en modelage, c'est un cylindre d'un côté, c'est large dans l'entrejambe de l'autre côté et ça devient étroit à l'endroit du pied. Cela veut dire qu'il a une notion inconsciente, non refoulée, présente dans l'image du corps, que les garçons ont un pénis qui fait partie de leur corps, tandis que quand tu vois un dessin de garçon de huit ans ou de dix ans qui fait deux rectangles allongés et puis l'entrejambe étroit, sans place pour les bourses et le pénis, ça prouve un enfant — et d'ailleurs presque toujours il y a une ceinture avec un gros trou, un gros bouton au milieu — qui n'a pas encore la représentation valorisante du sexe au corps pour faire un homme. Il est encore valorisé, s'il est un garçon, par des valeurs relationnelles à sa mère qu'il aime parce qu'il est un garçon, mais pas parce que son corps, même si sa mère n'est pas là, est fier d'être un garçon. C'est très intéressant parce que voilà un dessin qui permet de voir qu'un enfant n'est pas au niveau de ceux de sa classe d'âge quand il fait tous ses dessins de personnages comme ça. Les femmes sont d'ailleurs neutres, elles n'ont pas le triangle avec la jupe, alors que les femmes n'ont plus de jupes comme ça. Les filles représentent les femmes comme ça et les garçons aussi, « ça c'est une fille », « ça c'est un garçon », c'est inhérent à l'image du corps imaginaire, une représentation imaginaire d'un sujet avec un Moi qui a un corps de fille ou un corps de garçon. Ce n'est pas étonnant, étant donné que la moindre de nos cellules est marquée fille ou garçon biologiquement, ce qui est vrai pour nos pulsions aussi ; le téléobjectif de la biologie montre que chaque être humain a un programme de développement qui va vers la procréation, dans un style de réception ou d'émission.

J.-P. W. : *De même que Freud dit que ces constantes, ces symboles constants sont toujours des symboles sexuels, de même tu dis que, dans le dessin d'enfant, ce qui est constant c'est ce qui appartient à la division de l'humanité entre hommes et femmes.*

Il y a un point sur lequel j'aimerais t'interroger en partant justement de cette comparaison entre le dessin d'enfant et la théorie freudienne du rêve, c'est que Freud dit que dans tout rêve il y a un ombilic, quelque chose qui est indépassable, qui échappe au sens. Est-ce aussi quelque chose que tu constates dans le dessin d'enfant ? Est-ce que tout fait sens ou est-ce qu'il y a à un moment un ombilic, un point de réel, enfin quelque chose qui ne fait pas sens, qui échappe à toute signification, qui est un « reste » ?

F. D. : Je ne saurais pas te répondre et je ne sais pas si c'est toujours. Quelquefois le sens est pour l'enfant lui-même, et puis il y a des parties de dessins qui pour lui n'ont pas de sens. Freud a un côté qui par moments m'étonne, c'est le sens pour le psychanalyste. Je dois dire que pour moi c'est toujours le sens que le psychanalysé a donné parce que c'est le psychanalysé qui est le psychanalyste, ce n'est pas celui qui l'assiste — et que j'étais quand je travaillais puisque maintenant je suis à la retraite. Je ne me suis jamais considérée comme le psychanalyste dans les deux. Je faisais métier de psychanalyste et j'étais payée pour l'être afin que le psychanalyste soit suscité dans le patient, si petit, si jeune soit-il. Il est celui qui a la lucidité sur lui-même. Si je lui prête qu'il l'a, il va l'avoir. Et c'est en ce sens-là que le transfert — pas le contre-transfert —, le transfert du psychanalyste sur son patient joue peut-être un rôle dans la théorie.

J.-P. W. : *C'est peut-être ce que Lacan exprimait en disant que le sujet-supposé-savoir — qui était sa définition du transfert —, c'est du côté du patient et pas du côté de l'analyste*[25].

F. D. : Mais bien sûr, et ça il faut le leur dire très vite, tout de suite. J'analysais ce transfert très tôt. On le voit dans le cas Dominique, presque à la première séance où il me dit quelque chose, et je lui dis : « Je crois que c'est parce que tu penses que je sais tout et que peut-être... » Et il dit : « Ah ! La vache sacrée est devenue une vache comme toutes les autres », et c'est lui qui devenait le bœuf Apis, c'était pas moi qui étais la vache sacrée[26]. L'analyste est dans le sujet, c'est-à-dire que le sujet a une lucidité sur son inconscient et sur l'articulé de son désir à ses impuissances. Il l'a mais il faut la lui éveiller cette lucidité, et c'est notre rôle. L'interprétation, pour moi, elle vient des associations libres du sujet, et dire : « Qu'est-ce que tu en penses que ça ait été représenté comme ça ? », et on pense ensemble. Le travail, c'est de penser ensemble.

J.-P. W. : *Je ne suis pas tout à fait d'accord avec toi quand tu fais ce reproche à Freud parce que, dans* L'Interprétation des rêves[27], *il se situe comme analysant, c'est-à-dire les rêves, ce sont les siens. Quand il en vient à parler d'ombilic du rêve, c'est de ce qui résiste au sens pour l'analysant qu'il est, à ce moment-là. Il se trouve qu'il est l'analysant de l'analyste qu'il est.*

F. D. : C'est ça et je te dis, je ne l'ai pas rencontré toujours. Quelquefois l'enfant a pu exprimer tout ce que ça représentait, mais on ne va pas non plus jusqu'au bout : « pourquoi c'est bleu ? », « pourquoi c'est rouge ? », et souvent il dit pourquoi, la couleur, et « pourquoi tu penses que là, tu l'as dessiné en bleu ? »... si on a le temps. C'est pour ça que je ne suis pas sûre que l'ombilic du rêve, dont il parle pour l'analysant, n'est pas une résistance à deux de ne pas aller plus loin, une résistance due au temps matériel qu'il faut pour travailler, ou une résistance due au fait qu'on s'est suffisamment compris, ce n'est pas la peine d'aller pinailler.

J.-P. W. : *Cela peut être aussi une limite de la cure elle-même, indépendamment des personnalités respectives, de l'analyse de l'analyste..., les limites de la psychanalyse.*

F. D. : Peut-être, mais nous ne savons pas si c'est un fait ou si ça vient de l'état actuel de nos possibilités de connaître. Je pense que si on voyait là où était, pour Freud, l'ombilic de certains rêves, avec ce que j'ai apporté dans l'image du corps et le schéma corporel, on pourrait trouver que c'est parce qu'à ce moment-là ce n'était pas le même niveau d'image du corps qu'il fallait aborder pour ce patient. Il fallait que ce soit un niveau antérieur à celui qui était en jeu dans sa relation de parole avec Freud.

Dolto et Lacan

J.-P. W. : *Un des grands noms de la psychanalyse, c'est Lacan. Je crois qu'il serait intéressant — puisque tu étais membre de l'École freudienne depuis le début[28], que tu es considérée comme une proche de Lacan, ce dont tu ne t'es d'ailleurs jamais défendue — que tu nous éclaires un petit peu, que tu nous dises ce qu'a été véritablement ton rapport à lui, et l'apport de sa théorie à la tienne et à ta pratique, si apport il y a eu.*

F. D. : Je pense que apport, il n'a pas pu y en avoir parce que j'étais formée à travailler avant de connaître Lacan, tout à fait, et j'ai commencé à le connaître, à suivre, à écouter ses séminaires à partir de 54 à Sainte-Anne[29]. Je me rappelle même avoir été demandée par Ey pour venir à sa conférence des internes, pour faire un exposé de la psychanalyse en cinq ou six séances[30]. Il n'était pas question de Lacan à ce moment-là, il ne parlait pas encore à Sainte-Anne, sans cela Ey n'aurait pas eu besoin que je vienne parler de psychanalyse.

Lacan, je l'ai connu à partir du moment où je suis allée aux séminaires, et je dois dire que je ne comprenais pas grand-chose de ce qu'il disait. Mais quand je comprenais, ce qui m'intéressait était de voir que, par quelques concepts, d'une façon abstraite, il recouvrait beaucoup de cas cliniques différents qui se mettaient à prendre sens par ses mots qui étaient pour moi éclairants. Je me servais depuis toujours du sens des mots, et ce que veut dire un mot entendu par un enfant, depuis toujours, je veux dire depuis mon enfance. Le sens des mots m'a toujours posé question du fait du malentendu entre moi enfant et mes parents. J'en cite beaucoup d'exemples[31], mais il y en avait tout le temps, parce que j'écoutais le mot et je ne comprenais pas le sens que les adultes y mettaient. Je cite ce cas, parce que c'est un souvenir très précis. C'était au début de la guerre de 14-18, tout à fait au début. Une des amies de mes parents arrive en pleurant, en sanglotant comme si elle riait aux éclats, parce que de l'extérieur (la porte était fermée) j'entendais cette amie très gentille avec les enfants, qui était secouée comme de rires. Et je me dis : « Pourquoi est-ce qu'elle rit comme ça ? » Et puis j'apprends, quand on apporte le thé à ma mère qui était avec elle, qu'elle pleurait. C'est curieux, voilà quelqu'un qui signifie qu'elle a du chagrin en riant[32] ! Et pourquoi est-ce qu'elle a du chagrin ? Parce que son fils a disparu. Alors le soir, maman me dit — j'avais les yeux ronds, toujours, comme ça, je pensais — : « À quoi penses-tu, Françoise ? — Je pense à Mme Untel. Qu'est-ce qu'elle a perdu son temps cet après-midi ! Qu'est-ce qu'elle est bête d'être venue ici ! — Comment tu dis ça ! — Ben oui, c'est pas ici qu'il est son fils ! » Elle avait dit : « disparu », et ce mot « disparu », je ne l'avais pas compris.

J.-P. W. : *Tu étais sensible déjà au malentendu des mots !*

F. D. : Tout le temps, et j'étais sensible au malentendu du sens de la beauté. J'en ai parlé et ça va paraître l'année prochaine dans un petit texte qui s'appelle « Les yeux ronds[33] ». Et toute ma vie j'ai eu les yeux ronds sur ce qui se passait, ne comprenant pas et cherchant à comprendre. Mais c'est ce qu'on fait en psychanalyse et, surtout pour un médecin dont, à l'origine, son désir était d'être médecin d'enfants, c'est avoir les yeux ronds devant des symptômes et se dire : « Mais comment les comprendre ? » On a les yeux ronds, on essaie une méthode qui permettra de comprendre. Ça m'a intéressée, et voilà.

Ce que Lacan a apporté avec le rôle du signifiant, avec l'orthographe ou sans l'orthographe, et les associations d'idées toutes différentes par l'orthographe ou la non-orthographe, ça m'a énormément intéressée parce que je vivais avec cela d'une façon continuelle. Mais il a apporté aussi beaucoup de théorie et ses mathèmes où je n'ai absolument rien compris, jamais. Et je lui disais : « Tu sais, je ne comprends rien à ce que tu dis » et il me répondait : « Ça ne m'étonne pas et ça n'a aucune importance puisque toi tu fais ce que j'essaie de dire, tu le fais et tu n'as pas besoin d'en avoir la théorie. » Peut-être, je ne sais pas. En tout cas j'avais tout à fait sa confiance car il m'envoyait des gens très difficiles avec lesquels il n'arrivait à rien, et combien d'enfants m'a-t-il envoyés ! Un jour, il m'a fait venir pour que je lui explique comment je voyais l'œdipe. Je lui ai dit : « L'œdipe, je le vois exactement comme Freud, mais ce que je trouve très important c'est comment un enfant arrive à l'œdipe et ce qui fait qu'il ne peut pas résoudre l'œdipe. Donc ce n'est pas l'œdipe qui m'intéresse. À mon avis, un enfant qui arrive à l'œdipe en ayant l'image du corps qu'il faut avoir et la certitude de son identité de schéma corporel, son œdipe, il s'en tirera certainement. Celui qui ne s'en tire pas, c'est celui qui n'a pas eu la castration anale, la castration du faire ou du ne pas faire si on est un être social, le possible et l'impossible dans les trois dimensions, et qui n'a pas non plus la castration orale qui est celle du sevrage, parce que lui a peut-être été sevré mais sa mère n'est pas sevrée de lui. Il continue d'être pour sa mère le sein indispensable pour la satisfaire, ou pour satisfaire le père. Donc la castration, je la vois comme quelque chose de très important dans la psychanalyse, à condition que soient symbolisées les pulsions dont la castration interdit qu'on s'en serve de la façon dont on s'en servait avant la castration. » Et c'est cela qui pour moi était important.

J.-P. W. : *C'est une bombe ce que tu nous dis là : Jacques Lacan t'appelle et te demande ce qu'est l'œdipe !*

F. D. : Oui, c'était d'un comique ! Je le connaissais très peu. Si nous nous tutoyions c'est parce que le jour où j'ai été reçue membre titulaire — ce qui était d'ailleurs avant la guerre, en juillet 39, la dernière séance de la société —, ce jour-là on devait tutoyer tout le monde, même ceux qu'on ne connaissait pas. Tous les titulaires devaient se tutoyer. Alors, à partir de là j'ai tutoyé Lacan que je ne connaissais pas, Lagache que je ne connaissais pas, c'était une franc-maçonnerie, c'était le reste des anneaux de Freud[34]. Freud avait ce côté : « Nous sommes des initiés. »

J.-P. W. : *Ça lui venait du* B'naï Brith[35], *le nom de la société franc-maçonne juive à laquelle il appartenait ?*

F. D. : Peut-être, je ne sais pas. Moi je trouvais ça très drôle. Je dois dire que quand je l'ai tutoyé, je ne savais pas qui était Lacan, différent de Lagache, pour la bonne raison que depuis que je suivais les séances de l'Institut de psychanalyse[36], il y avait deux personnes qui parlaient sans arrêt. Entre les petits jeunes dont je faisais partie — enfin pas jeunes, mais jeunes dans le travail psychanalytique —, qui étaient derrière (ces deux-là étaient juste devant nous et empêchaient d'écouter le conférencier), on se demandait : « Pourquoi viennent-ils à une conférence ? » Je disais : « Chut ! », et de temps en temps, l'œil ténébreux de Lacan se retournait vers moi parce que je lui demandais de se taire, et puis il continuait immédiatement à parler. Mon voisin me disait : « C'est Lagache et Lacan. » Lequel est Lagache ? Lequel est Lacan ? Nous ne le savions pas, ni les uns ni les autres, et je l'ai appris le dernier jour où la Princesse faisait un pot pour l'Institut de psychanalyse. Heureusement, Lacan était seul avec sa femme — enfin il y en avait un des deux qui était seul avec sa femme — et, en descendant l'escalier, je vois l'autre remonter. Comme je descendais à côté de quelqu'un, j'ai dit : « Qui c'est celui-là qui monte ? » et il me dit : « C'est Lagache », alors je savais qui était Lacan : c'était l'autre.

Quand il a commencé ses séminaires ça m'a beaucoup intéressée. Et quand je comprenais, je trouvais ça génial parce que ça recouvrait en quelques mots une expérience de multiples cas, et ça c'est la symbolisation.

Je me suis dit : « Ce gars-là, il parle de choses... [*F. Dolto ne finit pas sa phrase*], donc le reste que je ne comprends pas ça doit être de la même eau ! Ma vieille, travaille pour essayer de le comprendre ! » Je dois dire que j'ai eu beau travailler dans ses séminaires, quand je les écoutais — parce que je les ai suivis longtemps —, il y avait des perles que je comprenais et le reste, c'était plutôt un climat musical, peut-être en *la* mineur, dans lequel on était porté avec toutes les expériences de son travail, et de temps en temps une association vous venait, c'était certainement autour de ce qu'il disait. Et en même temps on était articulé à un événement culturel qu'il citait, soit pictural, soit littéraire, soit philosophique, et ça me faisait faire un croisement entre ce patient auquel je pensais parce qu'il avait parlé de quelque chose, et cet événement dans le temps et dans l'histoire de l'humanité auquel il faisait allusion, qui probablement enrichissait ma possibilité d'écoute. Mais ça n'allait pas très loin dans ce qu'on appelle la compréhension. Je te dis comment j'écoutais Lacan.

J.-P. W. : *Tout le monde n'a pas le courage de le dire comme toi. Je crois qu'on l'a tous écouté comme ça, et qu'il le faisait en le sachant. Il y a une part de l'enseignement de Lacan qui s'est trouvé coïncider avec ce que tu avais conservé de ton enfance, à savoir le sentiment du malentendu qui nous vient des mots. Et il y a une part de l'enseignement de Lacan dont tu ne parles jamais et dont j'aimerais que tu dises quelque chose, c'est tout ce qui concerne son rapport à l'objet. Est-ce que l'objet (petit) a t'a fait travailler ? Il y attachait énormément d'importance. Il disait : « Ce qui restera de mon enseignement, c'est l'objet (petit) a. C'est la chose la plus importante que j'ai apportée. »*

F. D. : Rien du tout, je ne sais pas ce que c'est. De même je me porte en faux absolument à mettre comme une loi que la fin de l'analyse doive se passer dans le « désêtre[37] ». Sûrement pas, et c'est extrêmement dangereux que la fin de l'analyse doive être un état dépressif total. Ça ce n'est pas vrai du tout. Il y a, dans l'analyse, des moments dépressifs, ce sont les moments où sont revécues des castrations qui ont été mal vécues. En effet, chaque castration est un drame pour celui qui le vit[38]. Pour le bébé qui naît c'est un drame de laisser son placenta, pour le bébé c'est un drame de laisser le sein parce qu'il croit, il éprouve, il essaie son identité en y laissant sa bouche, son estomac, et en même temps en ayant plus de relation avec son identité dans sa mère.

C'est un drame qui doit se symboliser justement par l'entrée dans l'échange parlé, visuel, auditif et tactile à distance avec la mère, et s'il n'y a pas ça, et surtout l'odorat de la mère qui continue d'exister, s'il n'y a pas la tactilité, le langage complice des regards pour signifier un reçu de la mère encore meilleur que le lait, eh bien c'est une castration ratée, c'est-à-dire une frustration orale qui va porter ses fruits dans la suite. Je parle souvent de « porter les fruits » parce que chaque castration, chaque symbolisation porte un fruit. Le sujet avec son corps, c'est-à-dire l'être humain, porte fruit d'une castration, c'est-à-dire qu'il porte fruit d'une privation définitive d'un mode de satisfaction de telle ou telle pulsion. Mais il porte le fruit parce que cette pulsion lui donne beaucoup plus de satisfaction avec un rayonnement communiquant avec les autres, s'il l'a acceptée et s'il a pu symboliser cette castration. L'entrée dans le langage parlé, c'est un bon sevrage, c'est-à-dire un sevrage qui a été bien fait, où l'enfant n'a pas été privé de sa mère seulement, mais la mère aussi s'est privée de joie tactile de le manger constamment à la fois des yeux, du corps et de la bouche. Et si elle lui parlait, lui enseignait sa manière de communiquer avec les autres et lui permettait de s'identifier à elle dans ses communications, elle lui laissait prendre, au jour le jour, le pouvoir de la communication, sans tout le temps lui dire : « Tais-toi » — et d'ailleurs les enfants un peu plus âgés répondent : « Tète-toi toi-même. Mais comment est-ce que je peux me téter quand ma mère me disait : tais-toi ? » La symbolisation, c'est justement de parler avec les autres et pas de se taire !

La symbolisation anale, ne pas tuer — parce que c'est ça la castration anale, ne pas nuire à un corps, au corps de l'autre, ne pas nuire aux objets qui sont le bien de l'autre, ne pas nuire à son propre corps en tant que bien du sujet que tu es —, c'est très mal fait de nos jours. On croit qu'on fait la castration anale quand on éduque — on dresse même — l'enfant à la continence sphinctérienne, c'est stupide. La continence sphinctérienne est un fait du corps mammifère. Tous les mammifères sont continents quand la terminaison nerveuse de la moelle épinière est obtenue. Les mammifères non humains, les singes, sont continents plus vite que nous. Les mammifères à quatre pattes sont sur leurs jambes très peu d'heures après leur naissance. L'être humain est un objet partiel du corps de l'être humain autre, porteur pendant très longtemps, et surtout sa « queue-de-cheval », c'est-à-dire la terminaison de la moelle épinière, n'est achevée qu'à trente, trente-cinq mois, quelquefois quarante mois. Et jusque-là s'il se trouve qu'il est continent, c'est parce que sa mère le lui impose, c'est lui-sa-mère qui est continent, c'est son corps partie du corps de la mère, mais ça n'est pas le sien puisque la continence est tout à fait normale. Elle est un fait chez le mammifère debout que nous sommes quand la terminaison nerveuse est obtenue biologiquement, physiologiquement. Qu'est-ce qu'on fait avant ? On dresse à l'inhibition des émonctoires au moment où ils ont besoin de faire.

Or nous voyons qu'un enfant, quand il est très attentif à ce qu'il fait, est là avec un objet entre ses doigts, qu'il met d'ailleurs très près du visage (je ne sais pas si tu as remarqué, les enfants — je ne parle pas de ceux qui sont myopes — travaillent toujours tout près du visage, et ils ont un souffle court, qu'on entend : « ah, ah, ah », en train de faire coller un objet avec un autre objet, c'est très étonnant), et à ce moment-là bien sûr que, debout ou assis, il ne peut pas être à la foire et au moulin. Son attention étant concentrée dans la sphère céphalique, dans l'œil, le regard, la tension, les mains, il lâche ce qu'il a dans la vessie ou dans le rectum, ça n'a aucune importance, c'est la condition de l'être humain de ne pas être encore terminé par là. Si la mère en fait un drame — comme pour l'enfant la relation à la mère est majeure, c'est ça qui importe, c'est grâce à elle qu'il sait qu'il est le même et qu'il continue à avoir son identité —, donc il sacrifiera volontiers son bassin, il sacrifie tout à cette bonne relation avec la mère. Et c'est comme ça qu'on rend les enfants instables, inattentifs, non observateurs et jamais relaxés. Puisque s'ils sont relaxés, ça va faire un malheur dans la culotte, et maman va en faire un drame. On a fait une éducation imbécile.

Bien sûr que la continence anale fait partie du développement et de l'arrivée chez l'enfant de la capacité à comprendre qu'il est sexué, mais pas avant qu'il ait ses sensations du périnée. Tant qu'il n'a pas des sensations autonomes de plaisir à la défécation, à la non-défécation et à la miction, on ne peut pas éduquer un enfant. Éduquer, qu'est-ce que ça veut dire ? Ça veut dire qu'on satisfait des besoins d'une certaine manière quand on est d'une certaine ethnie. C'est tout. Mais ça ne veut pas dire imposer des rythmes aux besoins, de même pour la nourriture. Freud lui-même avait observé des enfants qui n'avaient pas reçu une castration anale mais qui avaient eu des frustrations anales, qui avaient en effet des frustrations des perceptions génitales puisque, chez l'homme, l'appareil urinaire est confondu dans son fonctionnement à certains niveaux du fonctionnement nécessaire au coït. L'investissement pénien et les sensations péniennes retrouvent des sensations précoces d'avant la possibilité spermique, donc tout ce qui a été mal vécu ou qui a été culpabilisé chez l'enfant, du fait de sa relation à la mère concernant ce qui ressort du bassin, se met à vivre chez lui, à être toujours en activité au moment où il arrive à la primauté du génital, c'est-à-dire à la maturation gonadique. Et c'est ce à quoi on a assisté dans les découvertes de Freud concernant les névroses. Mais quand on étudie maintenant les enfants, on s'aperçoit que c'est cette non-castration, cette frustration anale ou la frustration orale qui fait les cas graves. Les cas prépsychotiques, ce sont des frustrations orales au lieu de symbolisations orales, ou des frustrations anales au lieu de castrations suivies de symbolisations du faire.

J.-P. W. : *Est-ce qu'on pourrait dire que la frustration, qui produit une espèce de dressage de l'enfant plutôt qu'une éducation, c'est quand il n'y a pas de castration du côté de la mère ? Quand elle n'est pas castrée, elle frustre son enfant, et si elle est dans un rapport à la castration à peu près équilibré, à peu près sain, elle n'impose pas à son enfant une telle frustration.*

F. D. : Oui, voilà, et c'est pour ça que c'est très long les progrès dans une société parce que ça dépend de la façon dont a été éduquée la mère. Si elle n'a pas été psychanalysée et même si elle l'a été tardivement — c'est-à-dire pas avant d'élever ses enfants —, ça ne peut pas les aider, eux, à être à l'abri des névroses expérimentales[39]. On impose une névrose expérimentale à l'enfant en voulant qu'il soit maître de ses besoins comme si c'étaient des désirs, alors que ce sont des besoins, mais ce besoin est dans le désir de la mère. Et c'est ça quand tu parles de la mère qui n'a pas reçu la castration, c'est que pour elle les besoins font partie de son désir, alors que les besoins d'un autre ce n'est pas son affaire, ce n'est pas celle de l'éducation par la mère.

L'éducation par la mère c'est que l'enfant satisfait ses besoins d'une certaine manière, c'est-à-dire que, au moment où il devient capable de continence, l'excrémentation ne se fait pas là où il se trouve, elle va se faire dans un lieu spécial. D'ailleurs, ce lieu spécial est très relié à l'économie générale d'un groupe puisque c'est un lieu qui fait que la collection des excréments va servir à fumer la terre, ça entre dans le cycle de l'azote. Et tout ça intéresse beaucoup les enfants quand on leur explique le destin et l'utilité de ce qui a été leur échange alimentaire qui est un trop pour eux et qui s'en va, et qui est encore utile à d'autres créatures. C'est le lien de l'être humain à toutes les autres créatures végétales et animales, et l'humus de la terre. Nous sommes des êtres qui faisons partie de la planète. Il ne faut pas, parce que la psychanalyse est arrivée en expliquant les relations libidinales des êtres les uns avec les autres, oublier que ça s'enracine dans un être humain pour qui, préalablement au langage verbal, tout est langage, et arriver, parce que l'être humain est un être symbolique, à faire nier à cet être humain sa relation à son corps, par le désir majeur qu'il a de relations entre esprits, entre sujets qui parlent.

J.-P. W. : *Est-ce que tu penses que c'était un des péchés mignons de Lacan ?*

F. D. : Oui, je pense que Lacan ne comprenait rien et ne voulait rien comprendre aux stades précoces, qu'avait pourtant signifiés Freud en parlant du stade oral, du stade anal — il n'avait pas parlé du stade olfactif et fœtal qui est très important, maintenant on le voit chez des enfants psychotiques précoces —, mais il ne pouvait pas admettre ça. Il comprenait l'être humain à partir du langage verbal parlé par cet être humain, et pas par le langage verbal tel qu'il était entendu dès la naissance. Pourtant, à la fin de sa vie, il comprenait très bien qu'un bébé pouvait entendre toutes les langues. Il ne savait pas comment, mais il était intéressé par ce que je lui disais, qu'un enfant bébé, si on parle de lui, de ce qui lui est arrivé et de ce qui le concerne, avec le désir de lui communiquer le savoir que nous en avons, il l'entend, il en a l'entendement. Comment ? Nous ne le savons pas, mais c'est signé tous les jours de l'apaisement des symptômes d'un enfant qui souffre de quelque chose qui lui est arrivé pendant l'accouchement ou après, qui ne lui a pas été expliqué et qui est en angoisse si on ne lui dit pas. Si on ne lui dit pas ce que c'était, il conserve son angoisse. Si on le lui explique, l'angoisse disparaît.

Ça, c'étaient des observations majeures pour moi aussi. Ce bébé anorexique, dont je parle, a guéri de parler de la situation à sa naissance qui était compliquée pour sa mère, il a guéri de son anorexie[40]. C'était surprenant. La mère me demandait : « Mais comment ? Il ne peut pas vous entendre, il ne peut pas vous comprendre ! », et moi disant à ce bébé : « Je ne sais pas si tu m'as compris, ta maman pense que tu n'as pas compris. Si tu as entendu, et si ce que je t'ai dit t'a intéressé, tourne la tête vers moi. » Et ce petit bébé qui avait perdu beaucoup de son poids de naissance, niché dans sa mère, avec un effort extraordinaire tourne sa tête vers moi. Évidemment la mère avait compris que son bébé avait compris. Tu parlais d'un premier cas, ce petit bébé qui m'avait été envoyé par un pédiatre, pour moi c'est un premier cas sensationnel. De même, ayant compris que par l'odeur de la mère un enfant se connaît vivant, l'enfant de sa mère, pendant la guerre, est arrivée l'histoire d'un enfant séparé de sa mère par des kilomètres parce qu'elle était partie, elle avait une infection post-partum[41]. L'enfant était resté dans la ferme, la femme avait été obligée de partir en clinique par des moyens de locomotion très difficiles, c'était en hiver, pendant la guerre, et l'enfant ne mangeait pas. Ça faisait trois jours que ce bébé de six jours n'avait pas mangé, impossible de lui faire avaler une goutte d'eau. J'ai dit : « Mettez-lui — sachant que l'image du corps, il ne la connaît que par l'odeur de sa mère —, redonnezlui l'odeur de sa mère », j'ai dit ça au papa qui était agriculteur : « Allez chercher le linge que porte votre femme, enveloppez-le dans un papier imperméable qui sert à transporter les fleurs par exemple, et apportez-le, mettez-le autour du cou du bébé, je suis sûre qu'il mangera. » En effet, il a avalé le biberon immédiatement. Il avait reconnu son cavum, son intérieur existait puisqu'il avait l'odeur qui est le désir par rapport au besoin. Tu vois, je travaille besoin et désir, mais je crois que Lacan n'était pas contre.

J.-P. W. : *Il différenciait le besoin qui est organique, la demande qui passe par la parole et qui est demande d'amour, et le désir qui est au-delà du besoin et en deçà de la demande, inarticulable comme tel, mais insistant et indestructible.*

F. D. : C'est ça, mais il ne savait pas que la mère instruit son enfant que son besoin fait partie de son désir qu'elle a de lui, non pas seulement comme un être humain avec qui elle est en relation, mais comme un être humain qui n'est pas anxiogène. C'est pour ça que l'éducation, la première éducation, l'élevage de l'enfant comme on dirait, est très souvent une névrose expérimentale. Et c'est pour cela qu'il faut se méfier tellement de tout ce qu'on dit en médecine aux parents. On leur inculque ce qu'ils ont à faire pour l'enfant et que s'ils ne le font pas ils mettent cet enfant en danger. Si un enfant ne mange pas, ne boit pas ce qu'il doit boire comme poids de lait, sa mère devient anxieuse et, comme l'enfant est greffé sur elle pour savoir s'il est heureux ou s'il est anxieux, il devient anxieux secondairement parce que sa mère est anxieuse d'une chose qui n'a aucune raison d'être.

Et alors, c'est là qu'on voit combien c'est tout à fait les premiers jours et les premières semaines de la vie d'un être humain qui vont influer. Qu'on ne parle pas d'un déterminisme absolu mais d'une influence, non pas toujours en mal mais pour structurer les bases de ce qui va être l'organisation pulsionnelle de cet enfant par rapport à la distribution désirs et besoins, les besoins devant être satisfaits, et les désirs ayant à être parlés et pas toujours satisfaits, et même quelquefois très rarement satisfaits. Si les désirs sont parlés, l'être humain continue son développement sans névrose. Alors qu'il a été vraiment carencé physiquement, parfois carencé de soins, eh bien il peut ne pas faire une névrose. Les gens croient que ce sont les événements réels, arrivés à quelqu'un, qui font les traumatismes. Non, les traumatismes psychiques ne sont pas des événements réels, pas toujours et pas seulement. Quand il y en a, c'est à cause de l'impact de ces événements réels dans la relation, à l'époque, de l'enfant avec l'entourage, pas n'importe quel entourage, l'entourage qui, pour lui, porte sa structure en sécurité, en train de se développer.

J.-P. W. : *Quand on t'entend parler comme ça, on comprend que Lacan ait pu te dire que peu importe que tu aies compris sa théorie ou pas, parce que effectivement tu la mets en actes. En t'entendant parler, on pense à des formules de Lacan issues de son travail comme « le désir de l'homme c'est le désir de l'Autre », qui répond très bien à ton idée d' « enfant éponge de l'inconscient de ceux qui l'ont porté dans la vie ». Donc, effectivement, le rapport entre sa théorie et ta pratique, quand on est dans la pratique analytique, ne fait pas vraiment problème. Je voudrais te poser une question — et après on en finira avec Lacan — sur sa pratique, sur sa clinique. Tu as dit qu'il t'envoyait des patients, donc il te faisait confiance. Mais toi, est-ce que tu lui en envoyais ? Est-ce que tu avais confiance en sa clinique ?*

F. D. : Moi aussi je lui en envoyais, et je faisais confiance à sa clinique aussi, pour la raison que j'ai été très vite un référent pour ceux qui voulaient faire de la psychanalyse d'enfants. Des jeunes analystes, déjà analystes d'adultes ou commençant à travailler, venaient me demander : « Est-ce que vous pouvez m'aider pour les cas d'enfants que l'on me confie ? » Et les analystes qui venaient chez moi étaient presque uniquement les lacaniens qui étaient capables d'écouter un enfant. Ça ne voulait pas dire qu'ils les comprenaient, d'ailleurs je ne comprenais pas les enfants au début et même maintenant il y en a encore que je ne comprendrais pas. Il y a beaucoup de cas qui se sont améliorés ou même guéris sans que j'aie vraiment compris, des bribes, oui, mais pas compris ce qui s'est passé. C'est pas ça l'important, mais c'est de savoir écouter. Les analysés de Lacan, ceux qui étaient sur son divan, savaient écouter les enfants — c'est un peu perdu depuis qu'il y a eu beaucoup de théories lacaniennes — et ce qui était intéressant c'était d'assister avec moi à une aide clinique, au ras de terre, de ce qu'il s'était passé dans la séance, comment ils avaient compris ça, et de voir qu'ils pouvaient le faire coller avec la théorie qu'ils avaient comprise, mais avec cette seule théorie ils ne pouvaient pas aborder un enfant ni l'accueillir. Avec les directives que je leur donnais, alors tout collait, aussi bien leur intellect que le fait qu'ils apprenaient leur métier d'accueillir un enfant pour lui permettre d'être lui-même et de dire ce qu'il avait à dire à sa façon à lui, qui est parfois gestuelle, parfois graphique, parfois modelage, parfois le silence comme les autres, mais toujours signifiant. Observer ce qu'un enfant exprime quand il est au contact de quelqu'un.

J.-P. W. : *Ce que tu dis du rapport entre la théorie de Lacan et une pratique qui avait besoin de ce que tu lui apportais pour comprendre les enfants, est-ce vrai aussi de notre ami Denis Vasse*[42] *?*

F. D. : C'est lui qui le dit. Il est venu suivre les consultations de Trousseau où j'ai travaillé pendant trente ans devant un public d'analystes[43]. Je me suis dit : « Mais comment enseigner la psychanalyse d'enfants ? » On ne peut le faire qu'en ayant un public de psychanalysés qui assistent aux échanges d'un enfant avec le psychanalyste, et qui en comprennent ce qui est à comprendre avec ce que l'enfant donne à voir avec un dessin, donne à entendre avec ses paroles, et après en en parlant avec l'analyste : pourquoi l'analyste a répondu telle chose à tel moment ? Les assistants ont entendu quelque chose, l'analyste a entendu autre chose, et on parle. C'est comme ça que Vasse a travaillé, et qu'il a fait un travail sur l'oralité, un point de départ du travail à Trousseau, en venant suivre les consultations et ensuite en prenant ses premiers cas à Trousseau. Je crois que Vasse a été très formé là. Il n'a jamais été analysé par Lacan.

J.-P. W. : *Il se réfère beaucoup à la théorie de Lacan, et on sent ton influence dans tout ce qu'il dit. Un des surgeons, un des produits de ce couplage théorico-pratique Dolto-Lacan, c'est un des points forts de la théorie de Denis Vasse, un point auquel il tient énormément, à savoir que la psychose infantile serait le produit de la perversion des parents*[44]*.*

F. D. : La perversion des parents, c'est de prendre les besoins pour les désirs, et les désirs pour des besoins.

J.-P. W. : *Lui l'emploie dans un autre sens — ça rejoint sûrement ce que tu dis —, il parle du « rapport de dérision des parents au langage*[45] *». C'est là qu'on retrouve son côté lacanien...*

F. D. : ... ce rapport de dérision des parents par rapport aux castrations précoces, mais Lacan n'avait pas la dérision. Il ne comprenait pas les stades précoces mais il n'avait pas de dérision vis-à-vis des comportements d'un enfant déréglé dans son corps. Tandis que chez les parents qui se moquent d'un enfant encoprétique et énurétique : « Tu n'as pas honte ! etc. », se moquent d'un enfant qui a des troubles fonctionnels parce qu'il bégaye, il y a une dérision de la souffrance libidinale de l'enfant à un niveau de son développement où c'est pour lui quelque chose qui est aussi important que si on se moquait d'un adulte dans le coït. On touche à son narcissisme profond qui est sa manière de s'exprimer au mieux de sa relation la plus exquise, érotique avec l'être qu'il aime, et on se moque de lui.

Alors cette dérision, Denis Vasse ne l'a pas, par nature et par souffrance personnelle certainement puisqu'il a vécu en Afrique du Nord. C'est affreux la dérision dont étaient l'objet les Algériens par les colonisateurs. Et lui, avec son père qui était un descendant des premiers colons arrivés là-bas, il n'était pas comme ça par nature et surtout parce que son père aimait beaucoup les Algériens. Depuis toujours, c'était un homme — on en a parlé encore récemment, il n'aurait pas su l'expliquer par le langage verbalisé — qui avait une éthique extraordinaire d'être humain. Beaucoup de jeunes qui ont fait des psychanalyses avec Lacan vraiment ont une dérision de ce que l'enfant a à apporter en les gardant deux minutes, cinq minutes, aller et venir, ça n'a pas de sens. Ces séances très courtes dans la pratique de Lacan pouvaient avoir un sens, par exemple pour un médecin, un psychiatre qui voulait faire une psychanalyse et qui sait que c'est son transfert qui fait le travail. Lacan, lui, faisait des séances très courtes, mais il lui donnait deux heures de séminaire dans lesquelles celui-là se sentait entendu et écouté, et même chacun croyait qu'il parlait à sa personne. Donc ce n'est pas du tout la même chose que de prendre un individu qui souffre, quel que soit son âge, c'est de la dérision de ne lui donner que trois minutes ou cinq minutes. La dérision, c'est mépriser quelqu'un et mépriser sa parole, mépriser son silence qui est si fort en langage, parce que le langage ça n'est pas que parler. Beaucoup de gens croient que parler c'est le seul langage, mais il faut toujours remettre les choses en question, le langage que nous écoutons n'est pas seulement la parole, c'est la communication symbolique de quelqu'un à un autre quelqu'un, qui l'entend ou ne l'entend pas. Or, l'enfant communique sans arrêt de façon symbolique, sans arrêt, dès le début de sa vie, mais nous ne l'entendons pas, et notre travail avec un enfant c'est d'entendre ce qui ne peut pas se dire en paroles et qui s'exprime par le regard, par une attitude du corps, et ça colle très bien avec la théorie lacanienne.

J.-P. W. : *Les mères l'ont toujours su spontanément parce que, quand elles tiennent leur nourrisson dans leurs bras, elles sentent au moindre mouvement du corps de l'enfant que l'enfant est en train de leur dire quelque chose, de leur proposer d'aller là ou ailleurs, de manger ou de ne pas manger, et elles n'ont pas besoin pour ça qu'on leur fasse de grandes théories. Elles ont besoin peut-être qu'on abandonne nos théories.*

F. D. : Elles ont besoin maintenant qu'on démystifie le pouvoir psy, le pouvoir médical, et qu'on leur redonne confiance dans leur propre intuition.

Autisme et psychose

J.-P. W. : *Tu as eu au départ deux originalités, dans le milieu psychanalytique français en tout cas. C'est d'une part de t'être intéressée d'aussi près à ce que disaient les enfants, et d'autre part d'avoir tenté de sortir la psychanalyse des limites qu'elle s'était elle-même imposées, à savoir ne s'occuper que des déficients scolaires, des névrosés, de ce que j'ai entendu appeler la névrose fine, pour prendre à bras-le-corps la question de la psychose, la question de l'autisme, des questions qui paraissaient beaucoup plus difficiles et même impossibles puisqu'un des mots d'ordre était que la psychanalyse ne pouvait rien contre la psychose, soi-disant.*

F. D. : Oui, soi-disant. De même on ne pouvait pas prendre, en psychanalyse, un adolescent ou une adolescente, mais c'est juste le contraire ! Ce sont des périodes très sensibles, et il faut être analyste pour écouter ce qui se passe, ce qui ne veut pas dire qu'ils font des cures classiques, et c'est ça qu'il faut faire aussi comme différence[46]. Les analystes n'acceptent que des patients indiqués pour les cures classiques, alors que quiconque veut faire une psychanalyse et qui est bien portant est aussi indiqué pour faire une cure classique. J'étais, du point de départ de la médecine, pour rendre à leur liberté des êtres qui en sont privés, rendre à la communication avec les autres des êtres qui sont sur la berge et qui ne sont plus dans le courant de la vie. C'est ça qui m'intéressait, à cause de mon origine de médecine probablement et du désir d'être médecin d'enfants, médecin qui soutient un être humain à rester dans la communication et dans ce que j'appelle la « créativité », c'est-à-dire dans la vie quotidienne d'expression de qui il est, qu'il souffre ou qu'il souffre plus ou moins. Et quand l'angoisse l'empêche de demeurer dans la communication, à mon avis, c'est une indication de lui proposer une écoute analytique. En médecine d'enfants, constamment, quand on recule l'âge auquel on s'intéresse à un enfant, on tombe sur des cas qu'on qualifie de soi-disant psychose. Mais quand on étudie le comportement de l'enfant dans les années ou dans les mois précédents, il relevait de ce que l'on appelait la prépsychose ; alors pourquoi est-ce devenu une psychose caractérisée ? C'est peut-être parce que, au moment de la prépsychose, il n'a pas eu l'opportunité d'être écouté par quelqu'un qui essayait d'entendre ce qu'il voulait dire au niveau où il se trouvait, et qui déjà faisait problème aux adultes ou aux médecins.

J.-P. W. : *Écouter, quand il parlait ! Mais quand c'est un autiste ?*

F. D. : Oui, mais justement un autiste, il s'exprime. Le langage n'est pas que la parole. Et avec l'enfant, très tôt, je me suis aperçue que le langage est dans la mimique, dans la posture, dans le dérangement des besoins. Le dérangement de l'homéostasie, c'est un langage. On parle toujours de la psychosomatique — mauvais mot ! — pour les troubles fonctionnels physiologiques, mais la santé, c'est psychosomatique, autant que la maladie ! Je ne sais pas pourquoi on réserve ce mot-là pour la maladie ! Et ce qui m'a intéressée, c'est de comprendre que le langage peut être le comportement, peut être le dérangement physiologique, et surtout quand il se met à toucher l'équilibre des besoins et l'homéostasie, alors ça relève du désir inconscient bafoué, frustré, ou au contraire surinvesti par les parents. Il n'y a pas eu de castration au niveau où ce corps aurait dû la recevoir, à l'époque où le silence des organes entre dans la paix de son fonctionnement, parce que la personne s'exprime par autre chose que par son corps. Mais dans les débuts de la vie, l'enfant s'exprime par son corps, puis par des échanges mimiques et moteurs, puis par des fonctionnements réactionnels, caractériels. Le caractère vient plus tard, à partir de neuf, dix mois. À partir de la station assise on peut dire qu'on commence à voir le caractère d'un enfant, en fait ce caractère est déjà avant, il existe mais il se traduit par des moyens d'expression qui sont d'ordre fonctionnel ou d'ordre somatique, homéostatique dérangé. Et c'est là-dedans que je pouvais voir que la psychose avait son enracinement dans des états très en amont du moment où on s'était aperçu des troubles.

J.-P. W. : *Est-ce que le travail que tu as fait pendant toutes ces années t'a amenée à échafauder une théorie de l'entrée dans la psychose d'un enfant ? Es-tu arrivée à un certain nombre de certitudes minimales sur ce qui fait qu'un enfant peut avoir un « destin psychotique » ?*

F. D. : Des certitudes, un peu. Je peux bafouiller des choses qui, pour moi, sont des repères. J'en reviens à l'atteinte de l'image du corps que j'ai « théorisée[47] ». Tout se passe comme s'il y avait une image du corps faite de trois images encastrées l'une dans l'autre.

La première composante de l'image du corps est une image que j'appelle l'image de base. Quand elle est atteinte, c'est la mort imminente, c'est l'angoisse de la mort qui vient, la plus grande angoisse. Cette image de base existe à chaque âge. Par exemple, au premier âge c'est le corps sans tête dans la représentation imagée. La tête étant maman, quand on est avec maman, on est entier ; quand maman n'est pas là, maman est à l'intérieur de la grosse boule, la petite boule est dans la grosse boule, et quand on a faim cette tension vient de ce qu'on attend cette petite boule qui a disparu, on l'attend à l'extérieur. Cette petite boule fait la tête, cette petite boule fait aussi le sexe, fait le bassin quand l'enfant a une tension d'expulsion au bassin. Voilà la première image du corps qui construit un narcissisme que j'appelle « de base », et qui est deux ronds ou deux sphères, une plus petite que l'autre, la plus petite est plus intense au point de vue des issues que l'enfant y ressent, c'est la tête, et l'autre c'est le corps. Et peu à peu, le fait du retour de la mère à lui, de sa tension vers la mère et qu'elle revienne — de même sa tension d'expulsion est que la mère s'occupe de recevoir les tensions qui sont en bas de son corps quand elles s'expriment par les émonctoires —, fait qu'il se construit une image de base, la base que nous avons tous, qui est de trois sphères imbriquées dont une sort plus que l'autre du corps, c'est celle qui va servir à faire la tête. Voilà pour l'image de base vue dans l'espace si on veut. Cette image de base est importante parce que c'est celle qui, si on la touche, fait ressentir l'imminence du danger de mort, et fait entrer en jeu ce qu'on appelle à tort l'« instinct de conservation ».

J.-P. W. : *Qu'est-ce que ça voudrait dire « toucher cette image » ?*

F. D. : Par exemple tu risques de perdre la tête, tu es en danger, quelqu'un te menace au niveau du cou, de ce qui fait la séparation entre la petite sphère et la grande sphère, tu es menacé de mort et tu es menacé de perte d'identité. C'est d'ailleurs pour ça que les enfants ne font pas de cou aux images des bonshommes. À partir du moment où ils sont capables de dessiner ou de faire en modelage un cou, à ce moment-là ils ont une certaine sécurité dans leurs paroles. Le cou est le lieu de la parole, pour l'enfant, le lieu de la parole sûre. Il a le droit de parler puisqu'il a un cou. Celui qui n'a pas de cou, il se trouve qu'il parle mais, pour la moindre chose, il est inhibé, il ne dira plus un mot. On le voit d'ailleurs dans les dessins.

Donc, il y a une image de base. Cette image de base est associée à une image fonctionnelle. Cette image fonctionnelle, ce sont des pseudopodes dans la représentation imagée qu'on peut en avoir, et ce sont des pseudopodes de préhension, d'apport, et d'expulsion, de déport. Il y a tout le temps un échange qui se fait avec le monde extérieur. Il faut que la première image de base ait été construite des trois boules, et tant qu'il n'y a pas les trois boules, quand l'enfant est tout seul, il ne peut pas entrer en échange avec le monde extérieur tout seul, il faut qu'une personne lui joue la troisième boule. Il est en dépendance d'une personne pour la continuation de son existence, dépendance du corps dans sa réalité qui fait que l'image du corps n'est pas celle du sujet lui-même. Elle est une image relationnelle ; quand l'autre manque, il n'y a plus rien et il ne peut pas s'exprimer. L'image fonctionnelle se met sous forme à la fois de pseudopodes et de trous. Les trous reçoivent et sont en attente de ce qui est émis de l'extérieur, et les pseudopodes émettent ce qui de l'intérieur veut s'exprimer vers l'extérieur, aussi bien sur le plan matériel, substantiel, que sur le plan subtil[48]. Le plan subtil, ce sont des choses qui sont sonores, qui sont visuelles, qui sont olfactives, qui sont tactiles, l'effleurement. Alors il y a émissif et réceptif. Ce qui est réceptif, et qui est représenté dans l'image du corps par les lieux de trous qui sont prêts à fonctionner, fait l'image fonctionnelle réceptive émettrice, et parmi ces lieux d'échanges il y en a qui deviennent zones érogènes. Ceux qui deviennent zones érogènes sont ceux qui souffrent — il faut le dire —, qui ressentent avec pénibilité le détachement de l'image du corps de l'autre quand elle vient dans la communication avec l'image du corps du sujet. Quand il y a une répétition d'un apaisement des tensions par la réception ou par l'émissivité au contact d'un autre corps, le lieu de la séparation de la communication devient, au bout d'un certain temps, zone érogène où l'autre est attendu soit dans la réceptivité qu'on en espère, soit dans l'émissivité qu'il nous permet quand on est dans une certaine tension. Et la zone érogène peut être une zone érogène en terminaison de pseudopodes, ou une zone érogène en trou de la masse qui représente l'image du corps. Ça c'est l'origine du féminin et du masculin quand l'image du corps en arrivera à la période génitale, où ces formations physiologiques des organes génitaux vont faire que, dans la relation qui pourra porter fruit génitalement — c'est-à-dire la procréation —, le rôle réceptif est dévolu au corps, au Moi féminin, et le rôle émissif est dévolu au corps et à la zone érogène partielle génitale du Moi qui a un corps masculin. C'est pour ça qu'on est obligé de dire — et que Freud très justement a dit : génital, féminin ou masculin. Ça existe dès la période orale parce que l'enfant étant particulièrement réceptif — sans ça il ne survivrait pas —, la rencontre à son corps du sein, du téton, de la tétine qui est portée par la mère émissive, entre dans cette zone de satisfaction qu'est la zone orale représentée par la bouche, le cavum, les lèvres. De ce fait, la mère semble phallique par rapport à l'enfant qui, réceptif, semble féminin. Mère masculine ? Ce n'est pas vrai, elle est émissive pour un réceptif, et ce réceptif n'est jamais passif. Quand on parle, en psychanalyse, de phallisme et de non-phallisme, il faut savoir que la libido est toujours ressentie phallique, même quand la forme est une forme attractive, dite passive. On peut prendre une analogie, une comparaison, que le flux du pôle Nord ou du pôle Sud de l'électricité magnétique est toujours émissif. Cependant, le flux du pôle négatif attire le fer doux autant que le flux du côté positif attire le fer doux. Mais quand le fer est aimanté, il faut une complémentarité des signes pour qu'il y ait attraction. C'est exactement ce qui se passe avec un être humain — pas exactement, c'est une analogie —, tout se passe comme si, en image du corps, le fonctionnement, quand le sujet est au service du réceptif, est comme féminin par rapport à celui dont il reçoit de quoi avoir satisfaction et plaisir. Voilà comment l'image du corps sert à la future génitalité, et tout ce qui s'y passe informe, infirme, confirme ou déforme l'intuition que l'enfant a de sa relation, plus tard sexuée vis-à-vis des autres qui sont déjà sexués, mais lui n'est pas encore génitalement sexué. C'est pourquoi la psychanalyse semble très difficile à comprendre parce qu'on parle déjà de sexualité chez un bébé. Elle est là, en amont de ce qui deviendra plus tard la sexualité génitale. Et c'est vrai qu'on peut empêcher un être humain d'avoir le narcissisme de son image du corps fonctionnelle masculine parce que c'est la femme, le personnage féminin de sa parentalité éducatrice, qui a eu symboliquement l'attitude virile, et que l'attitude virile n'était pas dans la vie — au point de vue social, au point de vue émotionnel, au point de vue responsabilités — représentée par le père, le géniteur ou l'homme porteur du sexe masculin. Aussi, l'image de lui-même allant-devenant adulte chez l'enfant s'est faussée, bien qu'ayant un corps par exemple de fille, élevée par une mère qui n'est que phallique, qui entonne, qui fait pour elle, qui sait pour elle, qui pense et qui veut qu'elle soit comme elle veut. Eh bien, à moins qu'il n'y ait un père, c'est comme si devenir femme c'était mentir au sexe de la petite fille, c'était devenir homme comme maman, pour plaire à une femme comme papa, puisque papa, de lui-même, laisse dire maman et est tout à fait d'accord que c'est elle qui est l'émission permanente, laquelle engendre la suite des comportements des enfants, et que tout tourne autour de cette image ordonnante de tout, qui se trouve être la maîtresse de maison qui, dans un corps de femme, joue les tyrans. Comprends-tu ce que je veux dire ?

Il y a donc l'image de base, l'image fonctionnelle, et la troisième composante est l'image érogène, laquelle prend valeur dans la relation à l'autre. C'est pourquoi je suis obligée d'introduire la déformation de la valeur réceptive ou de la valeur émissive suivant l'attitude — la névrose ou la santé libidinale — de l'adulte qui s'occupe de l'enfant quand il est petit, parce que ça le marque de façon définitive, non pas toujours en opposition parce que ça peut se sublimer plus tard, ça peut ne pas se jouer uniquement dans le corps à corps, ça peut se jouer aussi dans des pulsions qui sont réceptives. Par exemple nos yeux sont à la fois émissifs et réceptifs, mais les oreilles ne sont que réceptives, l'audition n'est que réceptive, elle ne peut pas être émissive. Le larynx est émetteur, il est émetteur pour les oreilles des autres autant que pour les nôtres. Mais nous pouvons ne pas être sensibles à nos cris à nous, et pourtant les autres y sont sensibles. Nous savons bien que les enfants n'entendent pas leurs cris. J'en ai eu d'ailleurs la preuve en observation qui m'a beaucoup aidée en psychanalyse puisque les fenêtres qui sont ici donnent sur la cour des sourds et muets[49], et j'ai pu faire beaucoup d'observations sur des enfants sourds et muets — ils sont ici jusqu'à seize ans. Lorsqu'ils sont en récréation et qu'ils s'amusent, vraiment il n'y a aucune différence entre les cris des enfants entendants et les cris des enfants sourds. De plus, j'ai appris par les professeurs avec qui j'ai parlé que les enfants sourds, quand ils sont attentifs, font un bruit constant qu'ils n'entendent pas. Alors qu'on peut gêner beaucoup les enfants entendants en les empêchant de bruiter pendant qu'ils travaillent — parce que quand un enfant se concentre, il fait du bruit et il parle tout le temps, il ne s'occupe pas de savoir s'il est écouté, il a besoin de parler quand il est attentif et concentré —, c'est intéressant de voir qu'un enfant sourd on ne peut pas l'intimider : « Tais-toi, ne fais pas de bruit ». Puisqu'il n'entend pas, il vit beaucoup plus à l'aise son narcissisme propre quand il est occupé, quand il joue ou quand il pleure. Il n'y a pas de différence avec un enfant qui ne s'entend pas quand il est dans un état passionnel, un état érogène. C'est intéressant de faire ces comparaisons-là parce qu'on se rend compte que le langage qu'on impose à des enfants, c'est souvent un langage contradictoire à leurs besoins étant donné leur niveau de communication.

J.-P. W. : *Est-ce que ça voudrait dire que les enfants sourds sont plus protégés de la psychose que les autres ?*

F. D. : On leur crée une psychose expérimentale[50] pour d'autres raisons. Ils sont moins influençables que d'autres, quand ils sont petits, par ce qu'on pense d'eux. Malheureusement, ils ne peuvent pas communiquer à distance, c'est pour ça que je milite énormément en faveur des enfants sourds pour qu'ils aient, tout bébés, dès qu'on a fait le diagnostic, une langue codée, pas seulement des signes avec la maman mais une langue codée qui soit la langue des signes de leur langue, en anglais si ce sont des Anglais, en français si ce sont des Français, avant d'arriver à la langue qu'il saura lire sur les lèvres, et la langue écrite qu'il y a dans leur ethnie[51]. Ce qui se passe c'est que l'enfant sourd croit qu'il est dans un monde magique puisqu'il n'y a pas les perceptions intermédiaires entre la présence et l'absence. Un enfant qui entend quelqu'un qu'il aime revenir est aux aguets, va à la porte pour l'attendre. L'enfant sourd voit sa mère qui a entendu la voiture du père ou qui a entendu la sonnette aller ouvrir, et qu'est-ce qu'il fait ? il passe sa journée à aller ouvrir la porte pour que son père arrive, et puis il se sent un imbécile parce qu'il a beau aller ouvrir la porte, le père n'arrive pas — si on ne lui a pas expliqué qu'il était sourd, ce que les parents ne savent pas faire en général, ou ne veulent pas faire. Ils ne veulent même pas expliquer son infirmité à un enfant. Alors il croit à la magie des autres et il reste à cause de ça tout à fait dépendant d'une personne magique dont il ne peut pas se passer puisque c'est elle qui fait l'intermédiaire auditif avec le monde, et qui lui signale ce qui peut arriver, ce qui va arriver. Il ne peut pas prévoir car prévoir c'est souvent entendre. D'ailleurs, c'est intéressant puisque nous parlons de pré-voir... J'ai eu à soigner des enfants aveugles, eh bien les enfants aveugles ne parlent que de voir. Si bien que j'ai pu dire plusieurs fois : « Mais enfin, vous me dites ou tu me dis : "je l'ai bien vue !" » (je me rappelle celui dont on ne savait que faire parce qu'il fallait le renvoyer du seul institut d'aveugles qu'il y avait pour lui, on était désolé pour lui, c'était un enfant intelligent mais qui était tellement insupportable qu'on ne pouvait plus le garder, et c'était une pure histoire œdipienne magnifique). « Oui je l'ai bien vue, la maîtresse, elle fait de l'œil — lui qui était aveugle ! — au maître de la classe d'à côté au lieu de s'occuper de nous. » Je lui dis : « Écoute, tu dis "je vois bien", qu'est-ce que ça veut dire pour toi puisque tu ne vois pas et que tu es aveugle ? — Oh ben vous alors, tout le monde dit ça ! — Oui, tout le monde dit ça, mais comment est-ce que toi tu vois ? Je crois que tu ne sais pas ce que tu dis ! Alors dis-le-moi : qu'est-ce que ça veut dire que tu vois le maître qui fait de l'œil à ta maîtresse ? — Il lui donne des cerises, et chaque fois qu'il en prend une ça fait le bruit du papier du marchand de fruits d'à côté. Et puis il crache le noyau exprès du côté où je suis pour se moquer de moi. » Voilà comment il voyait l'œdipe, c'est-à-dire la scène insupportable de sa maîtresse qui, au lieu de s'occuper de lui, se laissait conter fleurette par le maître d'à côté.

J.-P. W. : *Ce qui nous ramène à l'entrecroisement des images dans ton élaboration...*

F. D. : ... l'image fonctionnelle et l'image érogène. Alors, dans les états de repos, de non-communication, l'individu en équilibre, qui n'est pas potentiellement psychotique, a une image qui est complète pour le stade oral, c'est-à-dire que la bouche est à la place de sa bouche — et non pas restée dans son ombilic qui est l'image de la bouche du stade fœtal —, qui est vraiment l'image de la bouche du stade oral. Il a le larynx qui communique avec sa bouche et non pas avec l'estomac parce que, pour l'enfant, ça ne va pas de soi que le larynx ne soit pas confondu avec le pharynx. Je parle des premières images. C'est important parce que toutes les psychoses sont des enclaves de mauvaises castrations, mal symbolisées dans l'image du corps, des stades précédant le moment où la personne est entrée dans la psychose par un événement qui paraît être l'occasion de cette entrée, mais qui est en fait la dernière goutte ou plutôt le coup sur la même fissure ou sur la même fêlure qui fait que ça craque ; mais la fêlure y était déjà, et on pouvait le savoir. Et c'est comme ça qu'on peut faire, dans certaines familles, une prévention de la psychose des enfants, quand on voit comment ont évolué les aînés qui ont été fragilisés, soit au moment de sept ans, soit au moment de trois ans, soit au moment de dix-huit mois (le moment de la marche et du touche-à-tout), soit au moment de la naissance ou du sevrage mal fait, qui sont, à chaque étape, des images du corps qui changent de focalisation de zone érogène dans le schéma corporel. L'image du corps a besoin d'avoir une bouche et un anus, mais il faut que cette bouche soit à la place de la bouche, et que cet anus soit à la place de l'anus, car il y a des gens qui ont le trou de balle ailleurs que là où il est.

Puisque je parle de ça, beaucoup de filles ont été formées à croire que leur vagin est derrière et non pas devant. Ce sont aussi ces femmes qui, quand elles accouchent, ont des douleurs épouvantables, et on dit qu'elles accouchent par les reins. On le verra de moins en moins parce qu'on donne aux femmes enceintes des images de leur corps par des schémas, et on leur montre qu'en effet l'enfant va sortir tout à fait par-devant parce que leur vagin est devant en bas, chose absolument impensable pour la plupart des petites filles qui n'ont pas eu la liberté, sans gronderie, de se masturber quand elles étaient toutes seules. Une enfant qui se masturbe sait qu'elle a son vagin par-devant, au bout de très peu de temps, elle le sait avant trois ans, quatre ans. Mais une fille qui a été interdite de masturbation ne s'est pas fait une image de son bassin autre que « caca derrière », et ça perturbe beaucoup l'image du corps plus tard génitale de cette femme.

Pour revenir à ce que je disais avant, des enfants peuvent avoir les yeux qui ne sont pas à la place des yeux, on le voit dans leurs dessins. Ce sont des enfants qui sont préposés à la psychose. S'il arrive quelque chose de trop douloureux à voir, un accident, un drame, ils vont faire une maladie somatique des yeux, ou ils vont au contraire avoir une cécité psychogène. J'ai eu un enfant à soigner qui était totalement aveugle et c'était purement psychogène. C'était arrivé très curieusement parce qu'il était tombé. Il avait une jambe qui s'était enfournée dans une tinette à la campagne et il avait failli, pour lui, être englouti par cette tinette. Il avait hurlé pendant deux heures avant que quelqu'un l'entende et vienne le ressortir. Il avait l'impression qu'il allait passer dans la tinette, et il en était devenu aveugle. C'est-à-dire qu'il y avait là dans l'absorption de sa jambe par les excréments et par la menace de mort dans laquelle il s'était senti, quelque chose qui était intolérable comme image à donner de lui à autrui. Il était définitivement, pour lui, quelqu'un qui ne devait jamais plus être vu parce qu'il n'était pas digne d'être aimé à ce moment-là d'une fille de l'école. Il est devenu aveugle dans les mois qui ont suivi.

J.-P. W. : *C'est le principe de l'enfant qui, pour ne pas être vu, ne voit pas, qui pour ne pas voir l'autre se cache les yeux, qui pour ne pas être vu de l'autre se cache les yeux.*

F. D. : C'est ça, et ça vient de l'image fonctionnelle car, au départ, l'enfant ne peut fonctionner pour téter que s'il a l'odeur de sa mère. Sa bouche est dans la mère sous la forme du désir olfactif. La même chose : sous l'angle du désir de séduction, il est dans le regard d'autrui, et puisqu'il n'est plus visible étant donné la honte qu'il a de lui, alors il devient aveugle pour n'être plus visible. C'est une logique inconsciente des stades précoces de la libido.

J.-P. W. : *C'est, d'une certaine façon, une logique du miroir aussi.*

F. D. : Eh oui, le miroir, c'est justement une logique tout à fait archaïque. Il faut penser qu'il y a beaucoup d'êtres humains qui n'ont pas de miroir pour se voir.

J.-P. W. : *Mais ils ont quand même les yeux de leur mère !*

F. D. : Voilà, ils ont le miroir vivant, mais ils n'ont pas le miroir plan, ce que les gens croient être le miroir, c'est-à-dire voir l'aspect qu'ils donnent à voir. L'enfant se croit le visage de celui qui le regarde, et l'expression du visage qui le regarde devient sa propre expression. Sa conscience, c'est la façon dont il est regardé, mais ça n'est pas du tout ce que lui a comme expérience. Ça devrait être ce qu'il a comme expérience pénible ou non pénible, par lui-même, quelles que soient les personnes avec qui il serait ; mais pas du tout, ce n'est pas comme ça que se forme l'être humain. Il se forme selon la dépendance de l'éducatrice, et pas du tout de la génitrice — si ça se trouve, elle devient l'éducatrice —, mais c'est de l'éducateur, au fur et à mesure de son évolution dans l'image du corps, l'éducateur élu dont il dépend. Et s'il n'est pas en paix avec cette dépendance, il sera menacé dans le droit à continuer d'être moteur, continuer d'être vivant, continuer de manger. C'est celui-là qui a pour lui la force de la vérité, de l'éthique, bien ou mal, hélas. C'est pour ça qu'on peut pervertir les enfants par l'éducation quand c'est par force qu'on veut imposer des comportements à l'enfant et qu'on le rend absolument incapable d'avoir son propre jugement d'après ce qu'il en éprouve lui-même, quelles que soient les personnes qui sont autour de lui. C'est quelque chose de très difficile à dire parce qu'il y a toujours eu une intériorité qui a précédé, et qu'il faut aider l'enfant à se débarrasser de sa fausse identification, car nous vivons tous d'identifications qu'il faut peu à peu démolir pour retourner à l'authenticité de soi, quelles que soient les personnes qui sont autour de nous. C'est tout à fait comme des pelures d'oignon.

Alors comment devient-on un enfant psychotique ? En étant fragilisé par une non-castration, c'est-à-dire ou par trop de frustrations aux zones érogènes, ou, par trop de frustrations à l'image fonctionnelle, ou plus grave encore, quand l'enfant se sent menacé dans l'intégrité de son image de base et qu'il croit que c'est avec la connivence de la personne qui fait sa sécurité. C'est ce qu'il y a de plus traumatisant pour l'enfant, qui le rend fragile pour devenir psychotique, s'il arrive un jour un événement douloureux pour sa structure, comme par exemple, à l'âge où le social se met à compter — c'est après l'œdipe, vers quatre ou cinq ans —, quand le père est désavoué par la société ou que le père désavoue complètement la société des autres autour de lui en disant que lui n'est pas social puisqu'il désavoue tous les autres.

J.-P. W. : *C'est ce que Lacan appelait la forclusion du nom-du-père.*

F. D. : Il appelait ça comme ça, mais je ne crois pas que ça soit vrai, parce que le père peut être déforclos, et ce n'est plus une forclusion si on peut le déforclore. On peut le déforclore par le travail analytique avec un enfant, et on peut lui rendre toute dignité d'un père disparu ou d'un père désavoué par la société en lui faisant prendre conscience que le père qui l'a engendré est toujours en lui et totalement intègre. Celui qu'il a eu comme modèle et dont il a entendu parler est blessé, est repoussé comme un objet fécal par la société, rejeté mais ce n'est pas celui qu'il a en lui. Ça, c'est celui qu'il a cru qu'il avait eu du fait des paroles des autres, et ça peut se remonter par la psychanalyse.

De même les enfants abandonnés sont riches, plus que les enfants qui ont leurs parents, de véritables parents en eux s'ils ont la chance de rencontrer un psychanalyste qui peut, avec des mots, leur montrer qu'ils ont en eux leur père depuis toujours et, puisqu'ils ne sont pas morts quand leur père a disparu de leur vie — peut-être même au cours de leur vie fœtale —, qu'ils n'ont pas été rejetés au moment où le père a été puni par la loi, ça prouve que le père qui est en eux, lui, n'a pas été puni par la loi. C'est le monsieur extérieur qui est le papa d'aujourd'hui, mais ce n'est pas le père. Le nom du père qui est le vrai père n'est jamais forclos. Le père, dans son comportement anecdotique actuel, dans le temps et dans l'espace, n'est pas le vrai père pour quelqu'un[52].

Du père

J.-P. W. : *Alors, qu'est-ce que c'est le père ?*

F. D. : Le père, c'est l'engendreur choisi par le sujet quand il s'est incarné dans le ventre de sa mère.

J.-P. W. : *Pourrais-tu nous parler de ça, par exemple à partir de ton expérience avec les orphelins ?*

F. D. : Justement : « Le jour où tu as décidé de naître, tu as choisi un homme et une femme qui étaient dans l'union sexuelle. Tu as voulu faire partie des êtres humains, et tu es venu dans le ventre de ta mère où il y avait une demi-graine de femme qui était en train de se croiser avec une demi-graine d'homme. Ça faisait une graine complète, et toi tu as choisi de naître garçon, ou tu as choisi de naître fille. C'est comme ça que tu étais là neuf mois avant ta date de naissance qui est celle-là, qu'on lui dit, et qui est sur le dossier. Pourquoi l'as-tu choisie ? C'est toi qui sais, personne d'autre ne le saura, peut-être même que ta maman et ton papa ne le savaient pas, peut-être même qu'ils ont été surpris que, de s'être aimés, ça a été accompagné d'un bébé qui poussait dans le ventre de ta maman qui ne le savait pas et qui l'a su seulement quand elle s'est aperçue que tu allais naître. » Par exemple — on le sait quelquefois —, la femme a ignoré sa grossesse ou la mère a essayé un ou deux avortements, alors on lui dit : « Tu as survécu. » J'ai soigné comme ça un enfant qui est resté infirme de ces essais d'avortements ratés. À partir du moment où il a su, où on a su l'histoire — j'ai pu le savoir par la mère qui a pu me le dire —, ça a été extraordinaire, parce que l'enfant s'est pris en main alors qu'il devait être grabataire. Il est actuellement quelqu'un qui marche même sans tripode alors que j'ai vu cet enfant à neuf mois qui paraissait un grand arriéré, mou, il n'avait même pas de colonne vertébrale, soi-disant. Or tout ceci était un langage de refus, de refus de vivre pour être conforme au désir de sa mère qui n'avait pas pu être satisfait puisque l'avortement avait été raté. Et c'est le fait de lui dire en mots tout ce qui était cette vérité qui a fait cet enfant s'assumer d'avoir eu un désir qui a pu surmonter le contre-désir à vivre qu'avaient ses deux parents. C'est ça qui est extraordinaire, quand on mène la psychanalyse jusqu'au désir de vivre, qui est la responsabilité de chacun de nous. Quand ceci peut être donné à un être humain, on lui rend complètement une sécurité que personne ne peut ébranler. Alors, le père, il est à l'intérieur d'un être humain, il y est toujours sans ça il ne serait pas vivant. La mère, elle est à l'intérieur de cet être vivant, même si elle est morte à sa naissance. Elle y est toujours, même s'il ne peut pas la connaître.

J.-P. W. : *La mère et le père sont à l'intérieur, mais ils ne font pas la même chose. Alors, qu'est-ce que fait le père ?*

F. D. : Le père est dans l'émissif, et la mère est dans le réceptif, le père de naissance et la mère de naissance, mais malheureusement les père et mère réels sont quelquefois en inversion pour beaucoup d'actes libidinaux. C'est ça qui fait la complexité de l'être humain par rapport au féminin et au masculin, et je crois que c'est ça qui fait dire à Freud et à tant de gens : « la bisexualité ». Oui sur le plan psychanalytique du mot « sexuel », mais pas du tout sur le plan biologique, non plus sur le plan affectif. C'est un comportement d'apparence qui a donné l'inflation au réceptif à telle époque de la vie, à telle époque de l'image du corps, ou l'inflation à l'émissif et à l'exécutif apparent dans le désir. Mais le désir est toujours intensité de recherche de l'objet complémentaire, à travers zone érogène ou à travers représentant culturel d'une satisfaction de zone érogène.

Ce sont des métaphores aussi. C'est du plaisir sexuel que de goûter la peinture et la musique, bien sûr pas de l'ordre génital, au point de vue physiologique. Et pourtant, cette satisfaction et cette jouissance de la musique, par exemple, peuvent porter des fruits, des fruits qui sont la culture. Une composition musicale, par le fait d'être reçue de façon « spermique » par quelqu'un qui est doué pour la musique, va être initiée, va être inséminée par un auteur qui l'a entendue, grâce à quoi il produira un « enfant » de cette insémination qui sera une nouvelle musique. Et c'est ça l'art, c'est constamment un porter fruit des pulsions qui se rencontrent aux sublimations exprimées, des pulsions d'autres humains, quelquefois dans un autre temps même, quelquefois dans un autre espace du même temps que nous. Et c'est cette extraordinaire ouverture sur la procréation réelle qui est la note fondamentale de base, et toutes les procréations symboliques font partie de la relation humaine. C'est pour ça qu'il est tellement difficile de juger — en tout cas on ne le peut pas de l'extérieur — des comportements relationnels qu'il y a entre des êtres humains. On ne peut comprendre que par rapport aux fruits qu'ils vont porter dans les mois et les années qui vont suivre. C'est ça le difficile de l'éducation. Ce n'est pas sur le moment que l'on peut dire que ce type d'éducation pour tel enfant, ou cet acte éducatif était ou n'était pas le bon.

Je crois qu'en analyse, nous sommes aussi dans ces mêmes questionnements, car c'est la suite qui montrera si le travail s'est fait dans l'ordre où il avait à se faire, sans rendre chaotique le déroulement d'une analyse. Le déroulement d'une analyse, c'est la remontée de l'étude du désir, depuis le moment où la personne commence une psychanalyse, en remontant dans son histoire jusqu'au plus ancien que l'on peut trouver où il y a eu le moment où s'est désordonné l'ordre procréatif futur, l'ordre éthique de cette structure.

Les enfants psychotiques — je reviens à ta question — sont des êtres humains d'élite à leur départ dans la vie, qui sont probablement par nature, typologiquement — les chiens ne font pas des chats — plus sensibles que d'autres enfants, d'autres nourrissons, plus sensibles en perceptions auditives, en perceptions visuelles, en perceptions olfactives, en perceptions gustatives, en perceptions tactiles, en perceptions barestésiques de l'équilibre du poids de la masse, et qui ne reçoivent pas de réponses sur les questionnements qu'ils se posent à travers les variations de perceptions, ni sur l'insolite qu'ils perçoivent. Car toutes les perceptions d'un nouveau-né sont insolites, et c'est par le fait même que quelque chose est insolite et va porter nom, qu'il va prendre conscience qu'il existe.

Si jamais la maman ne se sépare pas de son enfant, il ne saura pas qu'il existe, il est un bout d'elle sans le savoir. Il ne sent qu'il est lui-même que parce qu'il souffre de son éloignement et, au lieu où elle s'est éloignée, il perçoit le lieu de la séparation comme un lieu qui est sien, et à force de le percevoir, il se fait une image de ses contours cutanés, il se fait une image de là où s'arrête son investissement de l'espace.

J.-P. W. : *L'éloignement dont tu parles n'est pas nécessairement réduit à l'éloignement réel.*

F. D. : C'est tout de même l'éloignement réel. Si ce n'est pas collé contre son corps tout le temps, c'est l'éloignement réel à un mètre, deux mètres, à trois mètres. Si constamment l'enfant est au sein, le téton c'est sa langue, il ne fait pas de différence entre sa langue et le téton. Le jour où il faudra que le téton s'en aille, il ne pourra pas parler parce que sa langue est partie avec, parce qu'il était tout le temps au sein. Heureusement ça n'arrive pas parce que la femme a tout de même d'autres choses à faire !

J.-P. W. : *Encore faut-il qu'elle ait autre chose à faire, un autre objet auquel s'intéresser. Je pense notamment à son mari, au père de l'enfant.*

F. D. : C'est pour ça que c'est indispensable qu'il y ait une situation triangulaire d'intérêt, que la femme ait au moins un autre intérêt que l'enfant.

J'ai vu des autistes qui se prenaient pour des casseroles[53]. Ils étaient à la fois casseroles et chiens parce que les seuls intérêts de la mère, c'était de bruiter ses casseroles, et elle voyait ses enfants comme des chiens. D'ailleurs, quand je lui ai demandé de quoi était formée la famille, elle a dit le nom de famille qui était celui de son mari, qu'elle portait, en donnant les prénoms, le prénom de son mari, son prénom à elle, le prénom de l'aîné, du second, et le prénom des quatre chiens, enfin la façon dont on appelait les chiens, avec leur nom de famille : « Et puis il ne faut pas oublier Médor Untel,

César Untel... » Mais moi je ne savais pas, alors j'ai dit : « Qui sont-ils ces enfants qui portent le même nom que votre mari ? — Mais c'est mes chiens ! » Alors ses enfants étaient deux enfants schizophrènes, superbes au point de vue physique, mais complètement identifiés à des casseroles. Il y en a un qui ne pouvait que vivre avec deux boîtes de conserve qui étaient pleines de morceaux de corps, de morceaux de peluches. Ces deux boîtes de conserve qu'il remplissait de morceaux de peluches, c'était lui, c'étaient les deux seins de lui. Il se promenait toujours avec ça, il était complètement sans communication, avec personne d'autre. L'autre était toujours couché par terre alors que c'était un enfant qui savait marcher. Dès qu'il s'arrêtait, c'était pour se coucher par terre en faisant remuer sa tête à droite et à gauche, pour tourner ses yeux et en avoir des satisfactions de plaisir autiste.

C'était très intéressant de voir comment la genèse s'était faite, par un couple complètement isolé dans un pavillon où ils ne voyaient personne, où la mère vivait merveilleusement heureuse de n'avoir que des gens qui ne parlaient pas, c'est-à-dire les chiens et ses enfants qu'elle traitait d'ailleurs de la même façon, avec beaucoup d'intérêt pour ses chiens et ses enfants, d'intérêt physique.

J.-P. W. : *Dans ta façon de parler de la psychose, de son entrée, de son mouvement, il y a quelque chose qui donne beaucoup d'espoir. On a l'impression, d'après ce que tu dis, que tout ça peut se dénouer, qu'il y a une réversibilité de la psychose. Là-dessus, tu sais que tous les psychanalystes ne sont pas d'accord.*

F. D. : Je sais bien, et moi-même je vois qu'il y a une réversibilité beaucoup plus facile de la psychose chez l'enfant qui n'est pas avec ses géniteurs. Les enfants abandonnés psychotiques sont curables par la psychanalyse beaucoup plus facilement que les enfants psychotiques qui vivent avec leurs parents géniteurs, lesquels projettent sur leur enfant leur narcissisme et les retiennent dans leur enfant imaginaire. Or, puisque cet enfant a survécu et les parents aussi, c'est qu'ils avaient supporté l'épreuve qui avait mis l'enfant dans la psychose. Hélas, les gens disent : « C'est de ma faute », ce n'est jamais de leur faute, mais il se trouve que c'est de leur fait parce que, eux-mêmes, quand ils étaient petits, sont passés par une épreuve qui avait laissé ses traces et qui, dans l'enfant imaginaire inconscient qu'ils portent, se devait de se retrouver dans un enfant de cet âge. Mais ça se retrouve autant dans un enfant qu'ils adopteront que dans leur enfant de sang, génétique.

Quand les enfants sont élevés par une famille d'accueil, qui est beaucoup moins impliquée que les parents dans l'état dans lequel est l'enfant, les parents adoptifs permettent à l'enfant de sortir de sa psychose, ils accueillent au jour le jour cet enfant qu'ils n'ont pas rêvé, qui est comme il est dans ses modifications.

Par exemple, au cours d'un traitement de psychose infantile, il y a parfois, momentanément, une aggravation. Eh bien, une famille d'accueil supporte tout à fait qu'un enfant qui, par exemple, était debout et cassait tout, passe par une époque où il est grabataire, se couche toute la journée en suçant son pouce, ne mange pas de tout ce qu'on lui donne, ce qu'il ne faisait pas. Il était difficile à vivre et on ne le supportait pas dans la société. La famille, qui est le père et la mère vrais d'un enfant qu'on soigne, ne supporte pas ça. Ils ont peur qu'il ne mange pas, « il régresse puisqu'il ne veut plus être debout et qu'il suce son pouce ». Eh bien non, il est en train de vivre un travail analytique qui le fait remonter dans son histoire et il y a un certain *acting out*[54], en effet il ne régresse pas seulement dans la séance, il régresse aussi un peu à l'extérieur, chez ses parents. Les parents tolèrent très mal que l'enfant change de modalités de dérangement, ce qui est pourtant nécessaire au cours d'un travail psychanalytique pour qu'il puisse s'en sortir, à un moment donné, quand il a retrouvé le moment initial où sa psychose a commencé de se marquer dans sa structure.

J.-P. W. : *Tu m'as un peu étonné dans ce que tu as dit par rapport à la réversibilité de la psychose, et quand je t'ai entendu parler d'un enfant autiste en disant qu'il était dans la jouissance. Est-ce qu'un enfant autiste souffre ?*

F. D. : Il y en a qui souffrent et d'autres qui ne souffrent pas. Dans la mesure où il souffre, où il est angoissé, il relève d'une proposition, d'une rencontre de psychanalyste. Mais très souvent j'ai eu des enfants autistes qui souffraient d'angoisse, catharsisaient leur angoisse à l'occasion de leurs séances, et de plus en plus ils étaient heureux en restant psychotiques ; et après il n'y a plus de raisons de continuer. Ils ne dérangent personne, les psychotiques, que la personne qui rêve qu'ils soient autrement qu'ils ne sont. Ils ont simplement besoin d'être assistés, qu'il y ait de quoi manger car ils n'ont pas de désirs gustatifs du tout. Ils nourrissent leur corps dans l'ordre, tout à fait. Les autistes ne sont jamais obèses, ils sont vraiment dans la forme maximum de la santé d'un corps mammifère debout. Quand ils sont heureux, il arrive — surtout dans les psychoses tardives — qu'ils ne veuillent pas aller plus loin. Ils savent que ça changerait trop de paramètres dans leurs relations à ceux avec lesquels ils vivent, et ils aiment mieux rester à répéter leur même façon d'être.

Mais les autistes, petits, sont des enfants qui ne souffrent déjà plus. Ils ont beaucoup souffert au moment où ils sont entrés dans l'autisme sans que cela se voie, parce qu'ils ont souffert dans leurs pulsions passives. C'est leurs pulsions passives qui étaient au guet, parce que les pulsions passives c'est au guet du retour de qui on va reconnaître, et qui fait que celui que le sujet va reconnaître lui donne son existence dans son corps. Et cette absence, c'est très souvent une absence de quelques jours de la mère qui n'est pas reconnue quand elle revient, ce n'est pas explicité dans des paroles à l'enfant qu'il a souffert de l'absence de sa mère et qu'il n'existait plus, il était comme mort pendant l'absence de la mère. Elle revient, il ne veut pas faire l'expérience à nouveau de se greffer, ça a été trop douloureux l'absence. C'est comme ça que s'explique très très bien l'autisme des petits, qui commence entre trois et cinq mois chez les enfants précoces. C'est toujours une précocité, un grand besoin de communication qui n'est pas compris. Ce n'est de la faute à personne mais c'est du fait du manque de communication vraie et sérieuse du sujet, mère ou nourrice, que l'enfant avait jusque-là et par lequel il se savait existant.

Bien sûr on fait des « repiquages », et parfois le transfert qu'a sur eux une autre personne qui s'en occupe intensément reprovoque un certain intérêt de l'enfant, et on repart avec une trace qui restera toute la vie, qui pourra peut-être être symbolisée, d'ailleurs, chez cet être humain, dans une recherche de communication avec un monde imaginaire qui lui permettra peut-être d'être un inventeur exceptionnel.

Du racisme et de la haine

J.-P. W. : *Que penses-tu à ce sujet du travail de Bettelheim ?*

F. D. : J'admire beaucoup le travail de Bettelheim, pour de nombreuses choses. Je regrette seulement que ça soit au détriment des adultes qui s'occupaient des enfants. Je ne crois pas que ça soit bon, secondairement pour un enfant, de s'être rétabli alors qu'il a pompé jusqu'à l'exsanguination l'éducateur qui s'occupait de lui. Je ne crois pas que ce soit nécessaire que ça se passe dans le corps à corps et dans la chose dépendante.

Je crois que ce que Bettelheim n'avait pas pensé, c'est que ça peut être dit à l'enfant, son désir, sans pour cela le faire mettre en réalité. Je ne pense pas que ce soit nécessaire que tout le monde passe par-dessus les fils imaginaires qu'un enfant construit partout — fils réels aussi avec des ficelles —, et qu'on ait l'air de prendre au sérieux cette mascarade que l'enfant sait très bien être une mascarade, mascarade de fils électriques qu'il fabrique avec des ficelles. Il sait très bien que ce n'est pas vrai, et si on entre avec lui dans ce jeu de mascarade, je ne sais pas ce que ça fait pour l'avenir[55].

Peut-être que, quand il va avoir changé de niveau de structure, il va accepter de laisser tout ce jeu de mascarade avec lui dans le passé, avec ces parents-là du passé, enfin ces représentants de parents. Mais je ne suis pas sûre.

Je crois que tout être humain conserve le sujet qui est au niveau du plus lucide, du plus intelligent d'entre nous, et qu'on peut toujours parler à ce sujet en lui faisant prendre conscience qu'il est témoin, en lui, d'un qui ne veut pas admettre ce que les autres voient autrement que lui. Pour moi, c'est ça.

Mais, je ne sais pas, je ne me suis jamais occupée d'une hôtellerie d'enfants psychotiques, et c'est vrai que c'est ça aussi avoir un internat, c'est une hôtellerie.

J.-P. W. : *C'est une hôtellerie, mais je ris jaune parce que c'est une hôtellerie qui a sa source dans son expérience concentrationnaire. Je pense que ce que Bettelheim a voulu faire, c'est un anti-camp de concentration.*

Alors, je me demande si, pour toi aussi, la dernière guerre, l'agressivité, le déchaînement de la haine, le déchaînement des pulsions agressives a été une source d'interrogations, de réflexions sur la psychose infantile. Est-ce que l'expérience que tu as eue de la dernière guerre et aussi de la première guerre de 14-18, pendant laquelle tu étais enfant, a été pour quelque chose dans ta réflexion, dans ton intérêt pour ce type de souffrance humaine ?

F. D. : La guerre de 14 m'a énormément fait réfléchir à la fragilité des structures humaines, c'est surtout ça que j'ai vu. J'étais très enfant, j'avais cinq ans et demi quand la guerre de 14 a débuté, et j'ai vu la fragilité de l'adulte dans un milieu social qui paraissait stable. J'ai vu des personnes du même niveau socioculturel que mes parents, dans le même quartier, qui mendiaient dans la rue et qui déliraient, des femmes qui pensaient qu'elles ne pouvaient plus vivre parce qu'elles n'avaient plus l'homme qui était à la maison, j'ai vu des enfants qui étaient des camarades de mes aînés, qui étaient de bons élèves, devenir des affreux jojos mettant en danger une classe ou se mettre en danger eux-mêmes parce que le père était au front et que c'était valeureux d'être au danger.

Je ne comprenais pas très bien comment ça s'expliquait, mais je voyais que la guerre dérangeait le comprenoir de beaucoup d'adultes. Et ceci m'a fait comprendre que les adultes sont des gens pour qui j'avais beaucoup de compassion. Quand j'étais enfant, les adultes, très vite, devenaient des gens fragiles et qu'il fallait aider, surtout ne pas déranger, pas trop gêner, bien que sûrement je les gênais comme tous les enfants gênent les adultes, mais j'avais conscience qu'ils faisaient ce qu'ils pouvaient.

Je me souviens d'une personne qui était une réfugiée de Belgique, une fermière qui avait pignon sur rue dans son pays et qui n'avait plus rien, donc travaillait et aidait ma mère, nous étions une famille nombreuse. On a une alerte de Gotha[56], et elle, dans un état fou, mettant son tablier n'importe où et filant en courant : « Mais qu'est-ce qui se passe ? On a annoncé les Gotha et je n'ai pas fermé les grilles du jardin... » Je me disais : « Les Gotha, ce sont des avions, alors la grille du jardin, qu'est-ce que ça va changer ? », et je posais la question : « Mais pourquoi est-ce qu'elle va fermer la grille du jardin si ce sont des avions et qu'ils bombardent ? La grille fermée du jardin n'empêchera rien ! Elle est bête ? » et on m'a répondu : « Non, elle est devenue folle ! — Mais ça va durer ? — Mais non pas du tout, quand elle va revenir... » Et en effet, elle est revenue en disant : « Qu'est-ce que j'ai été bête, j'ai pensé en route que..., etc. » C'est extraordinaire de voir à quel point un enfant peut observer le bouleversement d'un équilibre psychique, soit durablement, soit momentanément par un événement qui, imaginairement, est traumatisant sans même qu'on en trouve la logique. Ça détruit l'esprit logique de l'adulte. Un enfant remarque beaucoup ces choses-là. Donc, ça m'avait beaucoup frappée.

De même m'avaient frappée les « deuils pathologiques ». Je pense que si on a changé la manière de porter le deuil, c'est à cause du ridicule des adultes qui portaient des voiles qui les gênaient pour vivre et dont beaucoup d'enfants et de jeunes se sont rendu compte. Ces femmes faisaient leur marché avec des voiles qui leur arrivaient jusque-là [*elle fait un geste de la main en direction du sol*], sous prétexte qu'elles étaient veuves depuis trois jours. Enfin, elles étaient déguisées en veuves alors que, pour beaucoup, on les connaissait d'avant, elles ne s'entendaient pas du tout avec leur mari, et puis tout d'un coup, elles se mettaient à ne rien pouvoir faire sous prétexte qu'elles étaient veuves.

Quand on est jeune, on est obligé d'entendre, de voir et de comprendre que la véritable souffrance, ce n'est pas celle qu'on montre à l'extérieur, ça m'a beaucoup frappée. Ce qu'on montre à l'extérieur est parfois une sorte de désarroi momentané qui n'est pas de la souffrance, qui est une folie de passage.

Alors, pendant la Deuxième Guerre, je n'ai pas vu des enfants qui souffraient, j'en ai vu tout de suite après la guerre. Si, j'ai vu, à la consultation[57], des enfants qui, du jour au lendemain, quand les pères ont été faits prisonniers — quand la France a été vaincue, les Parisiens sont revenus, tu sais qu'ils étaient tous partis pendant ce que l'on appelle la drôle de guerre, de peur que la ville ait des gaz asphyxiants, et c'était impossible de protéger les enfants —, donc quand les enfants apprenaient que leur père était prisonnier, alors c'était réglé, tous les garçons faisaient pipi au lit, du jour au lendemain, huit ans, neuf ans, dix ans, onze ans... Ça m'a intéressée, et justement ça s'explique par l'image du corps : « chute » sur l'image du corps prégénitale, l'image excrémentielle pour ne pas prendre la place du père géniteur puisqu'il n'est pas là. En même temps que le garçon devenait pisseur au lit et la fille suceuse de pouce, la mère devenait aménorrhée. Les consultations de gynécologues étaient pleines de femmes aménorrhéïques parce qu'elles avaient appris que leur mari était prisonnier, et on ne savait pas la suite ni la durée de la guerre.

Alors tous ces effets dans le corps de gens qui acceptaient l'épreuve sur le plan des sentiments et des affects, mais qui avaient ce dysfonctionnement de leur corps, ça ne pouvait pas ne pas faire réfléchir un psychanalyste. Et surtout que, dans la salle de garde de l'hôpital, tout le monde en parlait : « Mais enfin, comment peut-on s'expliquer ces aménorrhées, et ces pipis au lit, tout d'un coup, qu'on ne voyait pas avant ! »

J.-P. W. : *Ça c'était pour les enfants de prisonniers, c'est un aspect classique des conséquences de la guerre. Mais il y avait, pendant cette guerre, des aspects beaucoup moins classiques.*

F. D. : Les aspects moins classiques, c'étaient les camps de concentration.

J.-P. W. : *Les camps d'extermination...*

F. D. : ... d'extermination. J'ai vu un enfant que je n'ai pas pu guérir, qui était psychotique et qui sans arrêt, avec jouissance visible, répétait l'exécution de son père et de ses deux frères devant lui, et je n'ai pas pu l'en sortir, il ne vivait que de ça. On l'a amené à Trousseau

— il était dans une pension d'hôpital psychiatrique, c'était un enfant d'Alsace, qui avait l'accent alsacien — et il mimait le drame où les Allemands avaient abattu les otages mais pas lui qui avait sept ans, bien qu'il ait été pris comme otage aussi. Je l'ai vu quand il avait onze ans, depuis quelques mois, il se mettait à la place des Allemands et à la place de son père qui tombait. Il faisait le mime des deux. Il faisait aligner les gens, et après il faisait l'Allemand : pan ! pan ! puis il tombait. Il n'y avait rien à faire, il était halluciné de ce drame.

Je l'ai vu deux, trois fois. Il était très content de venir pour avoir son public, et recommencer. Il semblait n'avoir aucun émoi. Il vivait de cette scène dont on savait par sa mère qu'il l'avait vécue, et qu'il avait été laissé vivant.

J'ai vu aussi des enfants de parents qui ne sont pas revenus, c'étaient des enfants de l'Œuvre de secours aux enfants.

J.-P. W. : *L'O.S.E.*[58] *?*

F. D. : Oui, l'O.S.E., et c'est là que j'ai commencé à voir comment certains enfants pouvaient être aidés parce qu'ils n'avaient pas leurs parents. Ceux dont on retrouvait les parents retombaient, alors qu'ils étaient déjà très améliorés, dans un état névrotique aigu de retrouver leurs parents... étrange ! Et ce n'est pas étrange quand on comprend qu'en effet, les parents attendaient tellement de cette retrouvaille de l'enfant — l'enfant peut-être aussi, mais surtout les parents — et le personnel soignant éducateur était si heureux pour l'enfant qu'il retrouve un parent. Or ce parent, traumatisé parce qu'il avait été en camp et qu'il avait cherché à retrouver de la famille, lorsqu'il la retrouvait, il attendait tellement narcissiquement de son enfant que ce n'était pas supportable par l'enfant de retrouver un père si diminué.

Les enfants que j'ai vus, c'étaient des pères qu'ils retrouvaient, et d'autres c'était une personne éloignée de la famille, qui d'ailleurs n'était pas du tout heureuse d'avoir retrouvé l'enfant. On recherchait pour ces enfants leur famille, mais quand on la retrouvait c'était très pénible : après la petite joie du moment, c'était une charge pour ces gens qui avaient tous été éprouvés, alors que l'enfant attendait tellement d'une famille d'accueil que, soi-disant, il retrouvait, que tout cet imaginaire n'était absolument pas en rapport avec les difficultés de la réalité, et ça ne réussissait pas bien.

J.-P. W. : *Avant la guerre, tu étais déjà très au parfum de la psychanalyse...*

F. D. : J'ai passé ma thèse en juillet 39 avec *Psychanalyse et pédiatrie*[59].

J.-P. W. : *Est-ce que ce que la psychanalyse t'avait enseigné avant la guerre, ta propre psychanalyse te laissaient supposer qu'un tel déchaînement de haine, de sauvagerie était possible dans l'homme ?*

F. D. : Absolument pas.

J.-P. W. : *Donc tu as été surprise ?*

F. D. : Oui, bien sûr.

J.-P. W. : *Est-ce que ça t'a amenée à modifier, à remodeler certains aspects du savoir psychanalytique ?*

F. D. : Ça n'était ni prévu ni pas prévu. Comme le savoir psychanalytique s'élabore à travers ce qu'on observe, on n'avait pas pu observer, dans la moyenne de la population, des comportements sadiques comme ceux-là, probablement parce qu'on n'avait pas non plus analysé des criminels. Mais la thèse de Lacan sur les sœurs Papin était tout de même une thèse sur la paranoïa qui devient criminellement dangereuse[60]. Alors ça existe, chez l'humain, des passages à l'acte. Là elles étaient deux, mais ça existe encore plus quand le groupe social se met à pervertir et à donner valeur exemplaire à la délation des parents qui pensent autrement que le chef de l'État. La délation de ceux qu'on respecte parce qu'ils pensent autrement, c'est dramatique, et ça on le comprend très bien en analysant. Je ne sais pas si je l'avais compris à ce moment-là, mais j'ai compris ça à travers l'évolution de la structure des humains, j'ai compris qu'il y a un moment où l'enfant est fragile. Si celui qui l'éduque lui dit que c'est celui qui a la force qui a raison, et qu'on n'éduque pas l'enfant à avoir le sens critique sur le fait que le père n'est pas mécaniquement le représentant du Père — le nom-du-père, à l'intérieur, n'est pas toujours le représentant du Père essentiel qui est dans chacun —, si le nom-du-père symbolise une valeur perverse, et qu'on estime que l'enfant doit avoir respect du père, c'est certainement quelque chose de pervertissant en chaîne, pervertissant et portant des fruits pervers. C'est ce qu'a fait le nazisme, et les fruits pervers du nazisme ne sont pas terminés parce que ça a été socialisé. Ce n'est pas du tout la même chose que des hordes de gens sans chef, qui vivent sur la catharsis des pulsions sauvages, sadiques qui viennent de l'inconscient mais qui n'ont pas été passées au crible de la castration qu'est la socialisation. Ce qui est dramatique c'est quand la castration pervertit, c'est-à-dire que la symbolisation qui donne valeur aux pulsions donne valeur à des pulsions destructrices. Le génocide est ce qu'il y a de plus pervers. Identifier quelqu'un à son acte, c'est déjà pervers, mais identifier un acte à une génétique, c'est encore plus pervers. Le racisme est quelque chose de totalement pervers puisque c'est identifier un agissement à des personnes qui sont marquées d'une race, comme si l'agissement et la race étaient confondus, alors que ce qu'il y a, s'il y a des races — nous le voyons dans toutes les autres espèces, il y en a peut-être aussi chez l'être humain —, ce sont des potentialités pulsionnelles dont les castrations donnent des possibilités symboliques complémentaires et diverses, mais toujours créatrices et toujours humaines. Donc le racisme avec dérision, déréliction, rejet, à mon avis, c'est un noyau pervers que nous avons tous — puisque nous sommes tous un peu racistes —, c'est un noyau pervers que nous tenons probablement de notre archaïque moyen de défense qui consiste à nier l'odeur de quelqu'un qui n'est pas celle de notre mère.

J.-P. W. : *C'est une question d'odeur ?*

F. D. : Oui, je crois que c'est une question d'odeur.

J.-P. W. : *Je t'ai posé toutes ces questions en partie parce que dans ton œuvre tu parles beaucoup d'amour, mais de la haine il n'en est pas tellement question.*

F. D. : Oui, c'est vrai, et c'est d'ailleurs ce que me reproche Denis Vasse. C'est vrai que je l'ai rencontrée si peu puisque quand il y avait haine, cela venait toujours d'un sentiment de danger pour celui qui émettait de la haine. Et quand on pouvait analyser le sentiment du danger, il se trouve qu'il se ressentait compris, donc semblable à celui qui lui parlait, et il n'y avait plus de haine. C'est-à-dire que le narcissisme positif reprenait le dessus. Le narcissisme qui entretient ce qu'il y a de vivant dans chacun de nous peut être réversible sur celui avec qui nous parlons. Quand nous projetons du danger dans l'autre, il faut nous en défendre ; nous défendons notre narcissisme, notre image de base. À partir du moment où nous avons compris, où nous aidons quelqu'un à comprendre que c'était lui qui s'était senti en danger imaginairement mais qu'il n'y avait pas de danger puisque l'autre ne veut rien lui prendre, si nous sommes crédibles, sa pulsion de haine n'est pas refoulée, elle n'a plus de sens. Il conserve la possibilité de haine pour se défendre si on attaquait son image de base. Mais si son image fonctionnelle et son image de base lui sont reconnues comme n'étant pas entamées, il n'a plus de raison de projeter que l'autre veut le manger parce qu'il est un objet de consommation, que l'autre veut le tuer parce qu'il lui prend son air, qu'il lui vole sa place. Chacun a la sienne, jamais il ne pourra te prendre la tienne.

J.-P. W. : *Mais pourtant la psychanalyse suppose une haine structurante, notamment pour le père, qui conduit au meurtre du Père ? C'est-à-dire que la haine n'est pas seulement quelque chose qui, une fois qu'elle a reçu son interprétation, choit comme un fantasme protecteur.*

F. D. : Ça me fait rire ce que tu dis là, c'est une simplification de la psychanalyse de dire ça comme ça.
Ce qui choit c'est l'illusion que le père est le maître de l'enfant, et qu'il avait droit d'être le maître. Mais le père qui est dans l'enfant ne choit jamais puisque c'est le centre même de lui, et c'est cela qui le pousse justement à rejeter le père, fantoche de père, que représente M. Untel, son papa. Donc ce n'est pas le meurtre du Père. Si l'enfant est soutenu à comprendre qu'il dépasse son père, c'est comme un tuteur, l'arbre dépasse le tuteur, mais il n'a pas tué le tuteur parce qu'il l'a

dépassé, le tuteur est devenu caduc. Le père devient caduc et peut être tué dans la réalité, c'est-à-dire que le corps du père est blessé par la main meurtrière du fils quand ce père, cette personne paternelle, veut se prendre pour le représentant de la loi interne, au cœur de son fils, alors que ce n'est pas lui et que lui, le père, est tout autant, lui-même, soumis à une loi qui n'a jamais été celle de son père extérieur, sauf s'il lui a donné ce pouvoir artificiellement et par aliénation d'éducation.

À partir du moment où quelqu'un est en psychanalyse, tout ce qu'on voit dans la vie courante, qui existe, la haine contre le père, tout ça fond du fait que c'est étudié dans le processus inconscient. Le processus inconscient de survie c'est de consommer un objet partiel venant d'un autre qui représente la mère. La nature, c'est la mère. Nous prenons, nous donnons des coups de dents dans la nature sous forme d'un fruit qu'on lui arrache. Si ça se trouve être le sein, tant pis, tant mieux, mais ça peut être aussi une prune ou une pomme qui se trouve là, qu'on lui arrache pour faire sien. Ce n'est ni méchant, ni pas, c'est le conditionnement du corps humain. Mais ensuite, on donne à ces conditionnements des valeurs langagières quand il se trouve que mordre dans la mère ça lui fait mal, donc c'est mal de faire mal, et on confond le mal abstrait avec une douleur du corps physique, au point de vue schéma corporel. Quand un garçon tue son père, c'est justement parce qu'il n'est pas son père pour lui, sinon il ne pourrait pas le tuer puisqu'il est celui qui l'anime de l'intérieur.

Voilà pourquoi je te dis qu'à partir du moment où quelqu'un est en psychanalyse, on assiste à des processus de haine transférée sur l'analyste — d'ailleurs c'est la tarte à la crème de la psychanalyse, l'amour et la haine —, c'est-à-dire le retournement en son contraire, puisque la haine c'est de l'amour déçu pour quelqu'un d'extérieur alors que c'est en soi-même, et la source de vie qui est en soi est à la fois émissive c'est-à-dire père, réceptive c'est-à-dire mère, ceci traduit par notre corps au service du sujet dans la communication.

Donc, dans l'analyse, ça ne dure pas très longtemps la haine. C'est un artefact de communication qui n'est ni amour ni haine, c'est désir de communiquer jusque dans l'abstrait à des êtres qui sont, par la chose-corps, dans le concret.

J.-P. W. : *Il y a quand même un éprouvé de l'amour, et il y a un éprouvé de la haine. La différence c'est que quand on éprouve de la haine, en général on se sent coupable...*

F. D. : Il y a une rétorsion sur soi-même parce qu'on s'est identifié à l'autre. Mais à partir du moment où tu sais qu'il n'y a pas de rétorsion — il ne peut pas y en avoir puisque tu ne seras jamais l'autre, c'est par l'autre que tu existes mais tu ne seras jamais l'autre —, l'autre a vis-à-vis de toi une attitude que tu ressens à la bonne ou à la mauvaise, et ça t'angoisse, mais ça vient de ta réception à toi, ça ne vient pas de l'autre. Je pense que la haine en réponse à l'agression supposée ou réelle, c'est quelque chose qui est encore de l'animal en nous, mais ce n'est pas vraiment l'essence humaine. C'est d'essence mammifère parce que nous identifions le sujet au conditionnement du corps qui se trouve être moi. Alors c'est vrai que ça se rencontre, mais au bout d'un travail psychanalytique, on ne voit pas où cela se trouve. Peut-être ça se trouve que les globules blancs haïssent les microbes, mais nous ne sommes pas le microbe et nous ne sommes pas le globule blanc. Et encore, le globule blanc hait le microbe, mais il en vit bien, il se gonfle de bonheur, devient énorme, et il y a tellement de globules blancs que ça fait du pus tellement ils ont bouffé de microbes !

Ce que l'on voit sur le plan biologique c'est qu'il y a des intolérances de créatures, ou de morceaux de créatures, les unes pour les autres. Mais pourquoi à cette intolérance donnons-nous valeur langagière de haine, ou à cette tolérance qui veut faire sienne donnons-nous valeur signifiante d'amour ? On l'appelle comme ça. Dans les affects, ça existe, mais ça n'existe pas au point où, à mon avis, la psychanalyse l'a développé, a voulu voir ça dominant. Ou alors ça existe dans une éducation qui a aliéné pendant si longtemps les valeurs de recherche, d'intercompréhension que finalement ces individus sont devenus au service de la haine seulement.

Tu vois, par exemple, ça m'ennuie de parler de politique parce que j'en parle comme une imbécile, enfin comme une psychanalyste, c'est-à-dire une imbécile pour la politique. Mais je vois la lutte de classes, c'est comme ce que Freud a trouvé dans les soubassements de l'inconscient qui sont dynamogènes de la vie consciente, à notre insu. Il est certain que, dans l'histoire, la lutte de classes a fait progresser les sociétés, à condition de ne pas avoir été consciemment lutte de classes. C'est une découverte de l'inconscient social. À partir du moment où on donne comme une valeur la lutte de classes, c'est foutu. C'est comme en psychanalyse, quand on donne aux gens — qui prennent plutôt qu'on leur donne, mais il y a des psychanalystes qui l'ont fait — comme valeur les « pulsions libérées ». Alors, ils font n'importe quoi d'imbécile, ils ont une bobonne et il leur en faut trente-six, ils font des enfants partout parce que ça leur fait du bien d'éjaculer dans des vagins et que, à ce moment-là, on ne savait pas arrêter les naissances, donc il fallait bien tuer les bébés qu'on avait fabriqués, etc., tout ça parce qu'il fallait libérer l'inconscient. Mais ce n'est pas parce qu'on trouve que l'inconscient est plein de désirs insatisfaits que c'est la loi et c'est l'éthique des sociétés de satisfaire les désirs inconscients ! Justement, ce n'est pas ça du tout ! Et même, l'humanisation d'un être humain c'est d'arriver à la communication, dans la culture, de ses pulsions refoulées, dont la partie refoulée a à s'exprimer d'une manière symbolique qui structure l'être humain en société.

La haine, il y en a, mais son intérêt c'est d'être refoulée et symbolisée dans des difficiles efforts de sublimation qui sont au service de la culture. Je pense que c'est le refoulement du voyeurisme de Nicéphore Niepce qui a pu se traduire en découverte de la photographie. La même chose, le sentiment d'impuissance, qui fait souffrir au point de rendre certains êtres haineux contre les autres, s'il n'a pas été éprouvé comme un sentiment d'impuissance dû à la faute des autres, du fait des autres, il peut permettre à un enfant Einstein de devenir un sublime mathématicien. Il était grand arriéré scolaire, arriéré de paroles — actuellement il serait dans les I.M.P.[61] —, il ne parlait pas à cinq ans et demi, et tu as vu comment, en consultation, un médecin l'a engueulé, l'a agressé parce qu'il ne parlait pas ! Eh bien heureusement les parents n'ont pas agressé cet enfant qui n'apprenait pas à lire et qui n'a appris à lire qu'à onze ans en demandant à sa mère de lui montrer les lettres dans un livre d'électricité parce que tous les éclairs électriques, ça l'intéressait. Alors, est-ce qu'il voyait la haine dans les éclairs électriques ? Je ne sais pas. Mais, comme disaient les parents : « Il est tellement bon qu'il pourra toujours être occupé et qu'il gagnera sa vie. »

Il y a peut-être des êtres qui ont, typologiquement, une propension à l'agressivité orale, à l'agressivité anale — enfin motrice — contre les autres, peut-être pour s'autodéfendre. Certainement ça arrive, on le voit dans les analyses, mais ça ne résiste pas à la compréhension de la source dans l'histoire.

J.-P. W. : *Pourtant il me semble qu'il y a des cas, et non des moindres, où la possibilité même de l'expression de la haine est du côté de la vie et pas du côté de la mort, du côté du surgissement de la vie.*

F. D. : Absolument ! C'est pris comme haine par les autres mais pas par celui qui éprouve ce sentiment. Il est une vie qui éclate et dont les autres ont à souffrir, mais ce n'est pas en vue de faire souffrir l'autre qu'il y a haine, je ne crois pas, sinon ça se retournerait sur lui-même et ça serait une autodestruction.

J.-P. W. : *Prenons l'exemple des nazis eux-mêmes. Après tout, c'étaient des humains qui avaient été éduqués par des humains.*

F. D. : Absolument, et le livre d'Alice Miller est très clair là-dessus[62].

J.-P. W. : *Est-ce que tu es d'accord avec la thèse d'Alice Miller ?*

F. D. : Tout à fait !

J.-P. W. : *Qu'au fond, le nazisme c'est le surgissement de la vie chez des êtres qu'on avait tenté d'écraser dans leur âme, dans leur être, qu'on avait tenté de tuer comme sujets.*

F. D. : Oui, mais qui « on » ? Des parents, des parents qui eux étaient affolés devant leurs propres pulsions refoulées, et qui craignaient que leurs enfants, qui étaient leur honneur, qui devaient devenir leur réussite sociale, ne leur fassent honte en exprimant le côté gorille, guenon, refoulé qu'il y avait dans ce pauvre monsieur ou cette pauvre dame.

Qui a lancé que l'enfant est un pervers qu'il faut absolument mater sans ça le monde est foutu ? Encore maintenant, tu vois des parents avoir peur d'un enfant qui entre dans une pièce : « Ah, mon Dieu ! qu'est-ce qu'il va faire comme bêtise ?... », alors qu'il ne demande qu'à être intégré, qu'on lui demande son avis sur ce qui se passe, et il ne gêne personne.

J.-P. W. : *Donc, tout ça conduit à penser que laisser vivre un enfant avec sa haine, quand il l'éprouve enfant...*

F. D. : ... Oui, avec ce qui paraît être de la haine, et qui est une violence sur objet, qui n'est pas de la haine, c'est une violence vitale sur objet. Cette violence vitale sur objet fait qu'il peut casser, qu'il peut détruire. Ça fait de la peine à quelqu'un qui aime cet objet, et ceci peut lui être dit. On peut dire à un enfant le désir que l'on a soi-même si ce désir ne concerne pas qu'il devienne comme on veut qu'il soit dans l'imaginaire de cet adulte. L'adulte peut donc lui dire : « Mon imaginaire à moi faisait que je tenais beaucoup à cet objet, j'ai beaucoup de peine... » À partir du moment où l'enfant a compris que quelque chose lui appartient — ce qui n'arrive pas tout de suite —, il faut qu'il ait des choses qui lui soient respectées comme siennes, et que tous ses objets ne soient pas possessivité de la mère ou du père. Tu vois, ça c'est important aussi. Pour qu'un enfant connaisse ce qui est quelque chose auquel on tient, il faut qu'on respecte en lui quelque chose sur lequel il a jeté son dévolu comme sien, et qu'en effet personne ne se permette de toucher à cet objet. Si, quand un enfant a la chance d'avoir une chambre dans une maison, le parent n'entre jamais dans la chambre sans cogner à la porte pour s'annoncer — c'est un enfant entendant bien sûr, il faut qu'il entende cogner à la porte ! — en lui disant : « C'est moi ton père » ou « C'est moi ta maman, est-ce que je peux entrer ? », eh bien cet enfant fera la même chose avec les adultes, il respectera l'espace de l'adulte et il le préviendra avant d'entrer. Quand un adulte, parce qu'il est à court d'arguments, donne coup de pied ou paire de claques à un enfant, c'est parce qu'en lui le côté autodéfense a tout d'un coup joué parce qu'il n'avait plus les mots, ou il ne savait pas que l'autre pourrait les comprendre. Bon, c'est la faiblesse de l'être humain qui peut la reconnaître. En tout cas, ce n'est pas éducatif, il ne faut pas que l'enfant puisse croire que l'adulte était en droit de le faire. Il a fait sortir de ses gonds, des freins qu'il a à son moteur, un adulte mais ce n'est pas ça qu'il faut prendre comme modèle, et l'adulte doit le lui dire.

C'est comme ça que ça s'est passé pour les nazis, et il y a ce livre d'Alice Miller qui a étudié, chez chacun, leur mode d'éducation...

Quand on voit que Himmler, qui a été la terreur pour tant de gens, ne mangeait pas la veille du jour où il avait à rencontrer Hitler parce que s'il avait mangé, il était sûr qu'il chierait dans son froc, tellement Hitler, pour lui, était le père des pères et que son père, quand il le voyait, le faisait déféquer de peur, eh bien c'était la même chose avec Hitler. On voit le transfert, c'est fantastique de voir ça ! Or tout ce pouvoir de faire semblant d'être un Hitler, il l'a joué tellement que les gens aussi ont joué ce jeu, et que cette terreur a fait la honte de l'Europe, et fait notre honte en tant qu'Européens. Ce n'est pas parce que ce sont des Allemands, nous sommes aussi, moi aussi je me sens tout à fait européenne, et j'ai honte d'avoir été du même temps que les nazis. Ce ne sont pas eux seulement, moi aussi, dans quelque chose de moi, il y a du nazisme. C'est pour ça, quand tu parles de la haine, je comprends que la haine existe, parce que nous n'avons pas fait assez de travail de communication en paroles entre humains qui ont tellement besoin de parler et qui, quand ils ne sont pas compris, n'ont plus besoin de parler. Ils ont besoin d'avoir autant voix au chapitre que les adultes, eh bien quand ils ne se sentent pas compris, ils peuvent développer une haine !... Ou alors il y en a qui ont assez de recul pour dire : « Eh bien, les adultes ! » Peut-être que j'ai été de ceux-là, peut-être... En effet, je me disais : « Les pauvres adultes, quelles charges ils ont ! Il ne faut pas leur en mettre plus sur le dos. » J'avais compassion pour les adultes du fait de la guerre de 14, parce que j'ai vu tellement de misère pendant cette guerre que ça m'a fait relativiser ce qu'étaient les adultes.

J'ai vu par exemple ma grand-mère maternelle m'inculquer, me dire à longueur de journée : « C'est tout de même dommage que ça ne soit pas ton père qui se soit fait tuer par les Allemands ! Dommage ! Lui il a six enfants tandis que mon fils n'était pas encore marié, n'avait pas eu le temps d'avoir des enfants[65] ; c'est même honteux ! » Alors elle se lançait : « C'est honteux, celui-là qui est vivant ! », et elle parlait de mon père... C'était la haine de quelqu'un qui souffre tellement, et je comprenais qu'elle dise ça. Mon père l'aidait à travers ma mère, il l'aidait dans la vie aussi, mais cette haine du fait qu'il soit vivant alors que son fils était mort...

Notre sœur aînée est morte à dix-huit ans, d'un cancer, très rapidement, c'était une superbe fille. J'ai vu ma mère souffrir à tel point qu'elle ne pouvait pas tolérer de voir un handicapé dans la rue. Et j'étais à côté d'elle, rétrécie de souffrance pour elle et pour l'enfant qu'elle injuriait avec la mère qui poussait la voiture : « Si c'est pas malheureux de voir ça vivre, et des beaux enfants qui meurent, quelle honte ! » Elle était dans l'émoi qui suivait son deuil.

J'ai éprouvé des choses tellement douloureuses et avec une telle compassion pour ceux qui souffraient parce que je ne pouvais pas faire autrement.

J.-P. W. : *Justement on dirait que tu mets de la compassion là où d'autres diraient : « Ça m'a fait souffrir ! »*

F. D. : Peut-être, mais c'est aussi ça qui m'étonne quand je vois des parents qui vraiment ont été ou sont des bourreaux d'enfants. Ils ne se rendent pas compte, ils sont comme ça, ils ont mis leur enfant dans un état physique ou psychique de capilotade, mais j'ai compassion pour ces parents qui détruisent leur œuvre.

Je ne peux pas haïr une mère qui dit qu'elle brûle les doigts de son enfant parce qu'elle se masturbe. J'ai vu ça et alors ça a été dramatique dans la consultation de Trousseau. Une des assistantes, qui était psychanalyste, s'est dressée en hurlant : « Mais faites-la taire cette femme ! Comment est-ce que vous tolérez qu'elle parle comme ça ? » Et pour écouter et comprendre cette enfant, qui avait tous les doigts brûlés, qui était comme abrutie et qu'on amenait parce que l'école disait de l'amener, il fallait entendre comment elle était traitée, pour devenir une enfant « comme il faut », par une mère qui elle-même avait été élevée par un père sous-lieutenant, ou je ne sais quoi, aux colonies. Elle admirait son père qui infligeait, devant elle, des sévices aux Noirs pour qu'ils soient bien dressés. Elle avait fait la même chose avec sa fille. On a pu travailler après, mais je n'avais aucune haine, j'étais atterrée de douleur et de compassion pour cette femme qui avait été cette petite fille.

J.-P. W. : *Dans la position de l'analyste, tu n'avais pas de haine, mais dans la position de l'enfant qui subissait ça... ? Je doute que cette enfant ait eu de la compassion pour sa mère !*

F. D. : Non elle n'avait pas de compassion, mais pourquoi avait-elle choisi cette mère-là pour naître[64] ? Voilà où moi je vais. Chacun de nous, à mon avis, choisit son destin pour une raison que je ne sais pas, et pourrait y faire face à partir du moment où il rencontre quelqu'un pour l'aider. Comme elle a eu de la chance, cette petite, qu'une maîtresse l'envoie à l'hôpital parce qu'elle ne suivait pas l'école ! Or cette enfant provoquait sa mère, parce qu'on peut très bien se masturber sans que la mère le sache. Et pourquoi se débrouillait-elle pour que la mère le sache et que, tous les jours, elle lui brûle ses doigts sous prétexte qu'elle s'était masturbée ? C'était ça le travail qui était à faire.

Là, il est question d'un individu, pas d'une société. Bien sûr que quand il s'agit de sortir de la misère une société affamée par les riches qui prennent tout ce qu'on envoie pour ceux qui souffrent de la faim, et que ce sont quelques sultans ou quelques maîtres qui prennent tout, on est écœuré, il faut changer les choses et on se demande comment faire. Mais ça n'est pas en faisant la guerre à ces gens qu'on arrivera à quelque chose, c'est en les aidant à comprendre leur erreur.

Pour moi, je dois dire que les gens qui font du mal à ceux qu'ils aiment ou à ceux avec lesquels ils vivent, et qui sont donc leurs semblables ou qui devraient l'être, ce sont des gens qui n'ont pas compris qu'ils étaient des humains, ils se comportent comme des singes de tribu qui ne veulent pas de la tribu voisine. Ils ne sont pas des humains parce qu'ils ont peur de parler, ils ont peur des autres humains.

Foi et transfert

J.-P. W. : *Est-ce que ta conception de ce qui est humain et de ce qui ne l'est pas ne touche pas là au point où ton attitude — plus que ta théorie —, ta position dans la psychanalyse rejoint fondamentalement un certain rapport à ta foi ?*

F. D. : Probablement. Et cette foi qui est la mienne, c'est que chacun a choisi de naître, et que s'il survit c'est qu'il y a de quoi, tout de même. Alors, est-ce qu'il y a quelque chose de perverti déjà, ou est-ce qu'il y a encore quelque chose de sain et qui a droit à l'autodéfense de sa libido ? C'est ça que je cherche. Et s'il y a, chez lui, quelque chose en droit à l'autodéfense de sa libido et qu'il souffre de ne pas la retrouver, j'essaie de l'aider à exprimer son angoisse parce que alors il va retrouver son narcissisme primaire avec un corps qui peut jouir suffisamment pour que la vie soit suffisamment bonne, et qu'il soit suffisamment heureux pour continuer à supporter l'épreuve de vivre.

Mais, tu sais, il y a aussi que nous ne savons pas tout, j'en suis tout à fait convaincue. Quand j'observe l'intelligence de certains enfants, je me dis que nous avons des sens qui nous manquent. Quand quelqu'un est sourd, nous croyons qu'il a un sens en moins, parce que nous savons que, par rapport à nous, il a un sens en moins. Mais je crois qu'il y a des individus qui ont des sens en plus que ceux que nous avons. Ça peut rendre fou d'avoir un sens en plus, et je pense que certains enfants schizophrènes ont une intuition, une intelligence que nous n'avons pas, qu'ils souffrent de ce qu'ils prévoient peut-être, et qu'ils aiment mieux ne pas vivre comme les autres pour ne pas devenir comme ces autres. Je n'en sais rien, mais très souvent je me dis ça : quand quelqu'un n'est pas dans l'angoisse, et visiblement est dans la paix de ses organes et la paix de son être, je ne vois pas de quel droit je voudrais qu'il se mette à remuer comme les autres humains qui sont aveugles dans quelque chose, qui sont sourds dans autre chose.

Il y a des gens par exemple qui — du moins à certaines périodes de leur vie — sont voyants, qui savent prévoir l'avenir. Ils ne savent jamais si c'est vrai mais ils ont des intuitions. Mais ceux qui n'ont pas ce don ne se sentent pas infirmes, parce que la majorité des gens n'ont pas ce don-là. Il y a beaucoup de choses que nous ne savons pas chez l'être humain, et je crois qu'il y a des modes de langage que nous ne connaissons pas et que certains êtres possèdent.

J.-P. W. : *La haine, on la rencontre comme psychanalyste dans le transfert négatif.*

F. D. : Eh bien justement, c'est très intéressant parce que figure-toi que c'est à cause du transfert négatif que j'ai compris le rôle du paiement symbolique par l'enfant.

Les enfants qu'on nous amène parce qu'ils sont supposés souffrant et avoir à profiter d'une psychanalyse, quelquefois ne le savent même pas, ne sont pas conscients qu'ils ont quelque chose à exprimer. Mais ceux qui font des têtes comme ça [*elle mime l'ennui*], qui ont des réactions paranoïaques, des réactions de haine et d'hostilité grâce auxquelles ils survivent mais qui gênent la société et qui gênent leur développement futur, qui inquiètent leurs parents, on nous les amène. C'est avec ceux-là que j'ai compris qu'il fallait dire : « Tu es bien libre de ne pas venir me parler. Si tes parents te conduisent à moi, vous conduisent à moi — suivant l'âge, car je vouvoie un enfant même jeune s'il me dit "vous", et je tutoie un enfant qui me tutoie, quel que soit son âge —, si vos parents vous ont amené, ou vos éducateurs vous ont amené, c'est parce qu'ils sont inquiets de l'avenir pour vous si vous continuez, ou si tu continues à être comme ça, tes camarades ne veulent plus de toi, l'école ne veut plus de toi, tu n'auras plus de camarades avec qui vivre, et ta famille elle-même n'en peut plus. Mais jamais je ne te recevrai si toi tu ne demandes pas à me recevoir. La preuve en est que je ne te verrai pas si tu ne m'apportes pas un signe que tu veux me parler. »

Alors c'est là ce qui est très important parce qu'on voit l'enfant apporter son paiement symbolique qui est un caillou ou un petit carré de papier, un faux timbre. J'ai pris un système qui est symbolique : « Un timbre, c'est pour payer un message qu'on envoie. Les choses que tu me dirais dans une séance, ce qui se passerait, c'est comme un message que tu donnerais de toi, et tu paies un timbre pour ça. Si tu ne me l'apportes pas, je comprendrai que tu ne veux pas me parler et c'est toi qui as raison, tu as raison pour toi, personne d'autre que toi, et moi je n'ai pas raison pour toi. »

Eh bien, c'est fantastique de voir combien on a de séances purement négatives. Ils viennent et ils payent pour vous dire : « Je vous hais, je vous déteste et puis tiens, voilà ! » tu ou vous, et ils dessinent une chose, et...

« je te perce et tu saignes ! », et ils ne font que de la traduction de haine, alors qu'ils ont payé pour une séance où on n'a qu'à les écouter. Ce n'est pas la haine-amour, c'est la haine, c'est se débarrasser de leur souffrance sous cette forme, ils ont payé pour ça. Ils vous regardent comme ça [*son visage marque la concentration*] et vous dites : « Vous faites une excellente séance, vous avez payé pour cette séance. » Et quand les gens payent quelqu'un pour lui dire leur souffrance sous la forme de haine, c'est toujours hérité d'une relation antérieure ou même d'une relation insupportable en eux où ils voudraient se détruire, se détruire à force d'expulser des forces qui sont en eux sans savoir lesquelles. On est le responsable de service comme l'a été l'éducateur, qu'il soit un éducateur mercenaire ou les parents, mais cette haine, tu vois, elle fait partie du positif de la relation analytique.

J.-P. W. : *Alors, un psychanalyste, c'est quelqu'un qui se met dans la position de recevoir de l'amour, de recevoir de la haine aussi. Qu'est-ce qui fait qu'il accepte de supporter ça ?*

F. D. : C'est la question de Lacan. Eh bien, c'est que la société en a besoin, et il se trouve qu'on est tombés dans le collimateur de ceux qui ont été marqués par la société, de façon inconsciente, à être ceux qui sont capables d'un peu de recul par rapport à ceux de leur temps, du fait de leur histoire probablement ou de leur compréhension à retardement de leur histoire.

Il y a des gens qui naturellement seraient psychanalystes très facilement s'ils faisaient une analyse. On en rencontre qui sont très tolérants auprès de certains enfants. Ce sont des gens qui sont en ordre, qui sont tolérants des autres parce qu'ils sont humbles avec eux-mêmes, et qu'ils sont relativement en équilibre dans leur manière de vivre. Ils ont été suffisamment appuyés et respectés pour savoir qu'ils n'ont à compter que sur eux-mêmes et que, étant arrivés à l'âge adulte, qui est dit génital, dont le fruit est d'être capables de transférer sur d'autres : « Si c'était mon enfant, je l'élèverais au mieux pour qu'il devienne libre, qu'il s'autonomise et qu'il puisse se séparer de toute tutelle. » C'est ça éduquer un enfant. Eh bien, ces gens-là je les admire qui, sans aucune psychanalyse, permettent à un être humain d'être comme il est, en en prenant, en en laissant, et en n'identifiant jamais cet individu à son acte. Un enfant est insupportable, ils empêchent l'enfant d'être insupportable, ils le grondent d'avoir été insupportable, mais ils ne lui en veulent absolument pas et disent : « Je ne suis pas fâché avec toi, je suis fâché avec ce que tu as fait. » Il y a des gens qui naturellement sont comme ça.

J.-P. W. : *Tu décris là le passage de l'enfant qui vole à l'enfant désigné comme un voleur.*

F. D. : C'est ça, un enfant *n'est pas* voleur..., du moins, il faut bien qu'il soit voleur, sans ça il n'aurait pas appris à parler. Il faut bien qu'il soit voleur, sans ça il ne saurait rien de ce qu'on apprend comme savoir à l'école. Il faut qu'il vole l'expérience, le fruit de l'expérience des autres. On lui enseigne à voler le fruit de l'expérience des autres, et c'est ça avoir des bonnes notes. La seule école qui serait sensée — on ne peut pas la faire complètement étant donné le niveau socioculturel et le niveau de technologie auxquels nous sommes arrivés —, c'est que chacun refasse à toute allure les expériences que l'humanité a faites pour arriver là où elle en est. On est bien obligé de faire confiance à quelqu'un de crédible qui a une typologie, qui l'a orienté vers tel savoir, et qui s'est mis du côté de cette lignée de savants qui ont mis leur libido au service de la culture dans telle ou telle discipline. Mais c'est toujours par le vol que l'enfant s'initie à la science, à la littérature, à la philosophie. Il faut qu'il vole ce que les autres ont acquis, et qu'il s'en serve.

J.-P. W. : *Mais si ce fantasme de vol devient trop prégnant, ça conduit à l'inhibition !*

F. D. : Voilà, bien sûr. Si les autres ont tout pris, il faudrait inventer. Et inventer ce n'est justement pas voler, c'est faire travailler sa propre libido dans une recherche qui est en respect des précédents. Ce n'est pas le meurtre du Père, c'est le dépassement de celui qu'on avait pris pour père et qui a été père un temps, mais c'est la génération suivante qui assume d'être le soi-disant père. La cellule qui engendre au point de vue concret, la cellule paternelle et la cellule maternelle, d'où viennent-elles ? Peut-être d'Adam et d'Ève, les premiers, nous ne savons pas. Celui qui représente le modèle pour se développer, il est pris pour le père, il est pris pour la mère, mais il ne l'est pas. Il est un résonateur du père que chacun a en nous, de l'émissif procréateur que chacun a en nous, du réceptif procréateur que chacun a en nous, ce qui est le père et la mère en chacun de nous.

J.-P. W. : *On s'oriente vers ce qu'on a coutume d'appeler, depuis Freud, la psychanalyse appliquée. Curieusement, dans ton œuvre, tu as réservé la psychanalyse au champ soit prophylactique, soit thérapeutique. Tu n'as fait qu'une seule entorse, à ma connaissance, c'est* Les Évangiles au risque de la psychanalyse[65]...

F. D. : ... Mais j'ai fait aussi des psychanalyses didactiques. Il y a des psychanalystes qui forment des médecins, qui forment des gens attirés par le travail avec les autres, dont le matériau de choix est l'être humain, et qui se forment leur propre outil de résonance en faisant leur propre psychanalyse. Ce ne sont pas des gens écrasés d'angoisse, mais qui veulent épurer leurs réactions projectives et introjectives pour accepter, quand ils sont en contact d'un autre être humain, de fantasmer le moins possible pour le recevoir tel qu'il est, et qu'il se comprenne à travers eux qui l'écoutent, qui font un miroir auditif et un miroir tolérant de ce qu'il donne à percevoir de son comportement. Alors il n'y a pas que pour soigner seulement, puisque que la psychanalyse didactique ne soigne pas mais prépare à connaître sa propre psychologie telle qu'elle s'est structurée par l'histoire, pour être davantage disponible au travail avec tous ceux qui souffrent. Il y a ça.

Tu dis : *Évangiles au risque de la psychanalyse*. Mais j'en suis venue à faire ce travail parce que, comme tout le monde, j'avais été élevée dans la religion catholique, comme ça, mes parents ne sont absolument pas culs-bénits, on était français, on était baptisés, on faisait sa première communion, et puis après ça..., bon, mais je ne pouvais pas être quelqu'un qui ne comprenait pas que les textes sacrés..., l'Ancien Testament qui a engendré, pour nous chrétiens, le Nouveau Testament qui n'aurait pas de sens s'il n'y avait pas eu l'Ancien, qui avait ensuite engendré la Réforme qui pour moi est quelque chose d'important puisque tout un pan de ma famille, le côté de la famille maternelle, était protestant, luthérien. Donc ça m'avait intéressée puisqu'il y avait beaucoup de livres protestants dans la famille, et je voyais le protestantisme comme un message qui était la poursuite de l'éthique judaïque, réformée par Jésus de Nazareth, réformée par Luther... Étant donné l'histoire, je voyais ça comme une suite, bien qu'ils se soient disputés à s'entre-tuer... Ça, ce sont les histoires des humains qui ont la haine de celui qui ne pense pas comme eux. Ils n'avaient pas compris que c'est l'affinement d'une même pensée, d'un Dieu unique qui est à l'origine des personnalités complémentaires dans un homme et une femme qui sont la création de Dieu sous forme de sexes, qui ont besoin d'être complémentaires pour que la vie continue, sans ça elle s'arrêterait, et qui ont besoin de tuer les autres espèces sans ça la vie ne continuerait pas. Donc ils ont, comme les animaux, besoin de détruire la vie pour nourrir leur propre vie, et ils ont une sexuation qui fait qu'ils sont obligés de se conquérir l'un l'autre avec des moyens agressifs — que la psychanalyse nous montre à être passifs ou actifs —, qui sont des moyens de sexuation sexuelle génitale, en vue d'une procréation. Et à ce moment-là, ils s'identifient à l'enfant qui est le fruit de cet acte procréateur, en revivant leurs propres projections, introjections, en jouant aux parents ou faisant tout le contraire d'eux, etc., enfin tout ce que la psychanalyse nous montre.

Pourquoi ne pas étudier les textes sacrés qui ont lancé une civilisation nouvelle — puisqu'on compte le temps à partir de ce moment-là, en se trompant un peu, et que les Juifs comptent le temps comme avant —, donc pourquoi ne pas les étudier à la manière psychanalytique ? Quelle dynamique, quelle dynami*te* ils recèlent et ils transmettent pour que ça ait eu cet effet extraordinaire sur les individus, et sur des individus s'organisant en société !

Voilà pourquoi je me suis mise à interroger les Évangiles à travers ma formation psychanalytique. Je dois dire que, déjà enfant — parce que j'avais déjà un certain recul, par génétique, dans ma manière d'écouter —, le jour où, à l'église, une fois par an, on donnait l'évangile du bon Samaritain[66], j'étais complètement épatée et les yeux ronds de voir comment le prêtre en chaire paraphrasait le bon Samaritain, ce qui avait comme résultat — puisque c'était pendant un dimanche de vacances —

qu'on conseillait aux mères de venir s'occuper de ce qui ne les regardait pas, au lieu de s'occuper de leurs enfants, venir à l'ouvroir de monsieur le curé pour faire des tricots et des langes pour des enfants qui en avaient besoin et qui étaient pauvres, alors que pendant ce temps-là leurs enfants à la maison ne faisaient rien ou s'entre-tuaient ou s'entrebattaient parce qu'ils ne sortaient pas, et s'embêtaient parce que la maman était, à cause du bon Samaritain, en train de s'occuper de ce qui ne la regardait pas ! Ce qui la regardait c'étaient ses enfants, et elle s'occupait des pauvres petits pour faire plaisir à monsieur le curé. Je me disais : « Mais ça n'a aucun rapport avec ce qu'il nous a raconté dans le bon Samaritain où quand on demande à Jésus : "qui est mon prochain ?", il raconte une histoire et demande à son tour : "qui s'est comporté comme le prochain ? le bon Samaritain". Bon, allez, faites de même, et comme ça vous aurez quelqu'un qui vous aimera toute la vie. Vous serez aimé toute la vie si vous avez aidé un pauvre type qui sans votre passage et sans votre aide serait mort. À partir de là vous êtes devenu une part de lui puisque vous l'avez remis en selle. Aimez votre prochain toute la vie. Qui est mon prochain ? C'est le bon Samaritain qui m'a aidé quand je n'étais pas capable. Donc le bon Samaritain c'est aussi bien votre père, votre mère, l'éducateur sans lesquels nous serions morts ! Ce sont tous ceux grâce auxquels nous avons survécu dans les moments d'impuissance totale à nous assumer nous-même. »

Mais ce n'était pas du tout ce que j'entendais, on déformait ça autrement ! Jamais dans ce texte, pas une minute, si vous le cherchez bien, il n'y a le blâme de ce lévite qui lit ses textes sacrés. Il voit un type dans le fossé, il ne s'identifie pas à lui, c'est pas possible, c'est un gars du milieu, c'est un règlement de comptes, il l'évite. Et les autres parlent entre eux, ils parlent de choses très savantes, ils sont là dans leur Talmud à discuter le coup, et ils évitent ce type qui est dans le fossé. Passe un Samaritain, celui que les Juifs croyaient être quelqu'un qui n'avait pas de valeur devant leur religion, et lui peut s'identifier, ce marchand qui sifflote et qui se promène..., enfin on le voit très bien. Il aperçoit le type et se dit : « Si moi ça m'était arrivé j'aimerais bien que quelqu'un m'aide à m'en sortir », et il le met sur sa monture. Il passe chez un aubergiste, il lui donne quatre sous, il lui donne une somme misérable pour dire : « Tu t'occupes de ce type-là. Quand je repasserai, s'il a coûté plus cher, je te donnerai le reste. » Il ne s'est même pas détourné de son chemin, il ne sait même pas qui il a sauvé. Celui qui l'aimera toute sa vie c'est celui qui saura par l'aubergiste : « Tu as été amené par un type qui t'a sauvé, sans ça tu serais mort. » Bon, mais il est reconnaissant sans même savoir qui est celui qui l'a sauvé, et si par hasard le marchand le reconnaît — je continuais cette histoire dans ma tête —, ce type a guéri, il a quitté l'auberge quand l'autre passe, mais s'il le reconnaît au marché — puisque ce Samaritain était un vendeur qui allait au marché —, s'il le reconnaît, il lui dit : « Ben dis donc maintenant que tu es sur pied qu'est-ce que tu m'achètes ? » Alors on rentre de nouveau dans le domaine des transactions et de la communication... Il ne l'a pas sauvé pour faire quelque chose de bien, il l'a sauvé parce qu'il ne pouvait pas faire autrement, parce qu'il s'est identifié à lui. Et c'est celui qu'il a sauvé qui l'aimera toute sa vie..., mais vous n'allez pas aimer les gens qui ne vous sont rien ! L'Évangile ne raconte que des choses tout à fait humaines et qui sont dans la structure psychanalytique de l'inconscient, tout le temps. Le fils prodigue[67], c'est la même chose. Cette haine de celui qui est resté avec le père contre celui qui revient démuni de tout après avoir dilapidé son héritage..., c'est extraordinaire parce que c'est justement cette incompréhension de ce qu'est le père intérieur à chacun de nous, qui se trouve avoir été donné comme exemple, chez ce monsieur père de ces deux fils. Celui qui était resté en fait voulait acheter la prééminence dans l'amour de son père, et il voit que, pour un père, il n'y a pas de prééminence d'amour, que sa descendance est plus précieuse que lui-même, quel que soit l'état dans lequel elle est. C'est ça un père. Toute la dynamique de l'inconscient et du sujet qui est au service de ce corps qui est moi, et qui est son obligé, l'obligé du sujet, c'est dans l'Évangile, et c'est pour ça que ça m'a beaucoup intéressée. Et puis cette invention extraordinaire qui n'a été annoncée par aucun texte sacré préalable, la Trinité. Aucun préalable n'avait montré cette invention extraordinaire de baptiser dans l'eau, au nom de trois entités, le Père, le Fils et le Saint-Esprit. C'est extraordinaire cette histoire, et tellement surréaliste et révolutionnaire ! Comment ça se fait ? C'est très curieux... Je suis convaincue que la psychanalyse est le fruit lointain de l'impact du dire, des paroles de ce Jésus de Nazareth dans son peuple, et que nous en sommes la suite. Et, évidemment, il fallait que Freud ne soit pas pratiquant, sans ça jamais il n'aurait trouvé la psychanalyse qui est une sublimation de cette souffrance dont il était frustré dans la religion juive. Cette frustration, il a réussi à en faire une castration, et cette castration est symbolisée dans la recherche de ce qu'est le monothéisme [68] !

Transmission de la psychanalyse

J.-P. W. : *Partant du père, parlant du fils, on en vient à un aspect tout à fait déterminant, important dans ton travail : la question de la transmission. Commençons par ton travail à la radio, ton travail dans les médias, le travail de diffusion.*

F. D. : Ça a été une audace extraordinaire. Si j'ai vraiment, une fois dans la vie, éprouvé ce qu'est l'angoisse, d'une façon térébrante — car je ne connais presque pas l'angoisse —, au moment où on m'a proposé de parler à la radio, tellement je trouvais que c'était une responsabilité impossible à assumer de parler à des parents pour les aider à permettre au mieux le développement de l'enfant qu'il leur était imparti à élever, les éducateurs.

Le premier qui m'a angoissée c'est Lucien Maurice quand il m'a demandé de faire, à Europe 1, une émission d'éducation[69]. J'ai dit : « Ce qu'il ne faut pas faire c'est répondre aux parents pour des grands sujets. Il faut, au coup par coup, répondre à des enfants qui sont en difficulté, ou à des parents dans une difficulté précise, c'est-à-dire pas en général. » Et je lui ai demandé : « Pourquoi moi ? — Vous avez fait un livre qui s'appelle

Psychanalyse et pédiatrie et qui a été mon livre de chevet pour élever mes filles — il avait trois filles —, il m'a vraiment aidé et il aide les parents à qui je l'ai indiqué... » Ce livre est vieux maintenant, et on ne peut pas le donner à tout le monde, c'était en effet ma thèse.

Alors pendant trois jours, j'ai été vraiment malade d'angoisse à avoir à décider, oui ou non, et je me suis décidée à ce moment-là en disant : dominante de réponse aux enfants si les enfants questionnent, mais répondre toujours à une question précise dans un cas précis. C'est comme ça que j'ai travaillé. Et j'ai demandé que Catherine, ma fille, qui était étudiante en sociologie à ce moment-là, fasse la discrimination des demandes et des appels. Et ce qui est intéressant c'est qu'elle l'a fait avec un jeune homme étudiant, qui venait, qui écoutait, qui écrivait les demandes de réponses, Jacques Pradel, qui avait besoin de se faire un peu d'argent en étant étudiant en psychologie. Et plus tard c'est Jacques Pradel qui a été, à France-Inter, mon interlocuteur si valable pour faire *Lorsque l'enfant paraît*[70]. C'est très curieux d'ailleurs la façon dont ça m'a été proposé par Pierre Wiehn, directeur de France-Inter. Il travaillait avec Jean Chouquet à la radio et, en 46, nous avions déjeuné ensemble chez les Krettly, qu'il connaissait, ainsi que Boris qui était lui-même l'ami du violoniste Robert Krettly et de sa femme, Nina, d'origine russe. Donc, au cours de ce déjeuner, Nina Krettly parlait de ses enfants qui étaient petits, et comme j'avais un peu d'expérience par mes enfants qui étaient petits aussi, j'ai dit quelques petites choses sur l'éducation quotidienne, le comportement des enfants et ce qu'il signifiait. Comme ça, à un déjeuner, on était cinq ou six, c'était en 46.

J.-P. W. : *Te souviens-tu de ce que tu as dit ?*

F. D. : Pas de tout, des choses aussi simples que d'expliquer qu'un enfant ne fait pas de caprices, ça ce sont des mots d'adultes. Un enfant est devant une situation où il se sent impuissant et il ne sait pas comment le manifester, il a une attitude qui n'est pas commode pour l'adulte. Il faut de la patience et attendre, ça passera si on est patient. Si au contraire on fait un grand cas de cette manifestation de souffrance de son impuissance, on va créer un langage chez l'enfant, et il va manipuler les parents par ses attitudes qui sont au fond, descriptivement, de l'hystérie. Donc, j'ai dit des petites choses aussi simples que ça quand on déjeune avec des gens qui ne sont pas du tout dans le métier. Et ça avait frappé Chouquet à tel point que quand Wiehn a dit qu'il faudrait faire à France-Inter une émission — parce qu'il y avait une demande des auditeurs pour une rubrique sur l'éducation —, Chouquet a dit : « Il faudrait demander à Françoise Dolto parce qu'elle parle simplement des choses d'éducation. » C'est comme ça qu'ils m'ont demandé, et j'ai refusé beaucoup : « Adressez-vous à l'École des parents, adressez-vous aux écoles d'éducateurs, les psychanalystes ne sont pas des éducateurs, et nous savons qu'il n'y a pas d'éducation possible qui soit la bonne, donc chacun est un coup par coup et il faudrait presque réfléchir au coup par coup », etc. Je leur disais ça : « Non, non, moi certainement pas », etc. Et ils m'ont piégée parce que, quand je suis revenue de vacances le 28 août à Paris, ils m'ont téléphoné chez moi : « Nous sommes en train de mettre sur pied cette émission, est-ce que vous voudriez nous aider à réfléchir et à choisir qui nous pourrions prendre ? — Oui, très bien, je vais venir passer une après-midi avec vous à réfléchir, c'est en effet difficile et vous avez déjà des idées. — Oui, oui nous avons déjà des idées, etc. » Alors j'arrive. Je croyais qu'ils avaient des gens, des idées, et qu'on allait pouvoir commencer à parler. Il n'y en avait pas tellement, alors j'ai dit : « Écoutez, moi j'ai réfléchi et je sais ce qu'il ne faut pas faire. — Ah ! c'est déjà bien ! — Oui, je ne sais que ça. Il ne faut pas répondre en direct, il ne faut pas faire un échange avec les auditeurs. »

J.-P. W. : *Il ne faut pas faire comme Ménie Grégoire*[71].

F. D. : Oui, c'est vrai, et j'ai dit : « La différence avec ce que j'ai fait deux ans avant à Europe 1, c'est qu'il faut que ce soient des enfants tout petits et d'avant six ans. Après six ans, c'est très difficile de donner des conseils, mais on peut faire beaucoup de choses pour les événements qui se passent entre les tout-petits et leur mère, et c'est ça que je privilégie dans les réponses. »

C'est comme ça que nous avons commencé, avec une très grande crainte de faire quelque chose d'inutile. Je voulais surtout faire quelque chose qui ne serait pas voyeur, où les gens qui écouteraient pourraient être aidés, eux aussi, dans des cas voisins de relations entre adultes et enfants.

J.-P. W. : *Alors, qu'est-ce que tu en penses aujourd'hui, après coup ?*

F. D. : Après coup, je pense que j'ai réussi quelque chose que je ne pensais pas possible de réussir, très aidée par Catherine, qui avait acquis davantage de savoir technique, faisait une sélection et résumait les lettres pour moi. Je demandais au moins cinq pages et « n'hésitez pas à m'envoyer dix pages ». Je ne répondais qu'à des lettres écrites qui donnaient les détails du développement de l'enfant jusqu'au jour pour lequel ils demandaient un conseil, ils étaient en difficulté. C'est-à-dire que quand les gens écrivaient, au lieu de répondre à un symptôme, je répondais : « Votre lettre m'intéresse, mais écrivez-moi comment ça a commencé, comment vous vous êtes aperçu des difficultés de cet enfant-là. » Parce que je savais que quand quelqu'un écrit et prend la peine de formuler ses difficultés, surtout depuis le commencement, il voit : « Ah mais non, ça avait déjà commencé avant, il faut que je parle d'avant ! », la difficulté de faire ça..., et tu te dis : « Oui, ça avait commencé deux ans avant... » Quand les parents racontent les soucis de leur enfant, eh bien ils trouvent leur réponse du fait de l'association des idées que ça leur fait faire après comme travail. D'ailleurs, des gens me l'ont écrit : « Le fait de vous avoir écrit, même si vous n'avez pas répondu à ma question — je comprends bien, il y en a tellement —, m'a tellement aidée que j'étais différente après ; j'ai beaucoup rêvé avant de pouvoir vous écrire et j'ai l'impression que ça m'a beaucoup aidée. » Et c'était vrai. Il y avait un travail psychanalytique qui avait pu se faire du fait que je demandais que les gens écrivent en détail le déroulement des faits de la vie de cet enfant réel par rapport à leur enfant imaginaire. C'est ça qui se produisait. « Mais dites-moi comment ça va dans la famille... »

J.-P. W. : *Mais, puisque tu suscitais des rêves, tu suscitais aussi un transfert ?*

F. D. : Je suscitais tout un travail, et un transfert sur « la dame qui répondait sur France-Inter ».

J.-P. W. : *Et que devenait après coup ce transfert ?*

F. D. : C'est aux fruits qu'on le reconnaîtrait. Quand je suis allée aux Antilles, un jour dans un magasin, deux dames, deux jeunes Noires, sont venues vers moi : « Vous êtes Mme Dolto ? — Oui. — Nous avons tellement écouté vos émissions *Lorsque l'enfant paraît* que nous avons chacune un enfant Dolto ! », et elles ont ri. C'étaient des femmes qui avaient déjà d'autres enfants. « Mais comme il est facile à vivre ! Maintenant il a quatre ou cinq ans. Comme ça nous a aidées par rapport aux aînés ! Ah si nous avions eu votre manière de faire ! Ah si nous avions entendu ça pour les aînés ! »

Et j'en ai entendu d'autres : « La vie était un enfer avant vos émissions. Après, l'humour est entré à la maison. » C'étaient pas des trucs. Je me souviens de cette femme qui entrait dans une grande dépression depuis que la deuxième de ses filles allait à l'école, avec la première déjà ça avait été difficile. Les deux enfants ne lui parlaient plus, elles ne disaient que des sottises à leur mère, lui tiraient la langue, se moquaient d'elle. Tout ce qu'elle faisait était mauvais, était raté, elle ne savait plus que faire, et surtout les grimaces que ses filles lui faisaient !... J'ai répondu à la mère d'étudier elle-même dans la glace ses propres grimaces et de répondre par des grimaces encore plus grandes, encore plus drôles à ses filles quand elles reviendraient. Et j'ai dit : « Les enfants reviennent tendues de l'école et, pour une raison que je ne sais pas, elles ont besoin de réagir comme ça à vous. » Alors elle m'a raconté, elle a écrit ensuite comment ça s'était passé : les enfants sont revenues odieuses, agressives vis-à-vis de leur mère, et la mère leur a sorti ses grimaces, alors les enfants l'ont regardée, se sont tues et sont parties..., conciliabules dans leur chambre... ; elles sont sorties une heure après, elles ont regardé leur mère comme ça et elles ont dit : « Mais pourquoi tu nous as fait des grimaces ? — Parce que vous, vous revenez de l'école pour m'en faire et que c'est très drôle, alors je me suis dit : "il faut que j'apprenne à en faire encore plus". » Alors c'est devenu dans la famille une conversation de drôlerie, et la mère me l'a écrit : « La vie, les rires et la joie sont revenus dans la maison », parce que, au lieu de demander aux filles le respect, elle est entrée dans ce jeu avec elles, et elle était la détente à la maison quand les petites rentraient.

J.-P. W. : *Est-ce qu'on peut dire, finalement, que tu as fait du bon sens un concept analytique ?*

F. D. : Oui, peut-être, c'est-à-dire que j'ai montré qu'on peut être analyste sans pour cela être dénué du bon sens de la vie relationnelle. Mais c'est aussi parce que je comprends, j'ai compris, par le travail que j'ai fait, les enfants. Je crois aussi que, si j'ai été une particularité en France, c'est parce que j'ai été analysée bien avant d'être femme et mère. J'ai été analysée quand j'ai commencé la médecine, pour des raisons de culpabilité térébrante de faire la médecine dans une famille où c'était la honte[72]. J'aurais dit : « Je m'installe dans un bordel » que ça n'aurait pas été pire. Alors qu'on le savait de longue date puisque depuis l'âge de huit ans j'avais dit que je ferais la médecine, qu'à vingt-cinq ans personne ne m'en empêcherait, quand j'ai décidé, ça a été un Trafalgar épouvantable, non pas pour mon père mais pour ma mère qui pensait que vraiment je pourrissais ma vie, que je devenais une personne complètement hors la loi, une marginale définitive. Pourquoi ? Parce qu'elle avait été éduquée de cette façon-là, tout en admirant les premières femmes qui faisaient la médecine, la chirurgie, elle en parlait mais c'était pas pensable, surtout que j'étais restée seule fille après la mort de la sœur aînée, avec cinq garçons. Alors, faire des études de garçon quand on est une fille, pour ma mère, c'était quelque chose de très dangereux. Beaucoup de gens trouvaient que ma mère était inhumaine avec moi, et moi j'avais une compassion énorme pour elle. Jamais je n'ai pu en vouloir à ma mère qui était terrible à vivre. Ça c'est aussi une chose très curieuse, dans mon analyse aussi c'est ressorti, toujours...

*Débuts et fins
de la psychanalyse :
la question du féminin*

J.-P. W. : *Quand tu dis que jamais tu n'as pu en vouloir à ta mère, est-ce avec une pointe de nostalgie ?*

F. D. : Mais oui ! de me dire : « je suis anormale ». Je me sentais anormale de ne pas me fâcher avec elle et d'avoir une si grande compassion pour elle qui souffrait de moi. J'étais la personne qui la faisait souffrir, or je ne cherchais pas à la faire souffrir, je ne pouvais pas faire autrement. Mon être la faisait souffrir : ne pas être conforme à ce qu'elle attendait de moi. C'est très pénible quand on aime ce quelqu'un, et quand on admire quelqu'un qui fait bien son boulot de mère de famille !

J.-P. W. : *Pour pouvoir vivre les choses comme ça, il fallait que tu sois suffisamment détachée justement de son désir pour pouvoir le reconnaître comme étant le sien et n'étant pas le tien. Parce que, les enfants dont tu t'occupes, ils ne peuvent pas faire ça.*

F. D. : Oui. Il n'empêche que ça m'avait tellement culpabilisée que je ne me voyais pas capable de continuer les études avec cette culpabilité. Et c'est pour ca que je suis allée voir un psychanalyste. Il faut dire que j'avais rencontré Schlumberger[73] au P.C.N.[74] (l'année probatoire s'appelait P.C.N. à ce moment-là) et il m'avait dit : « Pourquoi faites-vous de la médecine ? (je n'étais pas dans les tout jeunes qui sortaient du bac, j'avais passé le bac à seize ans et j'avais donc vingt-cinq ans quand j'ai commencé mes études) — Parce que je veux devenir depuis toujours médecin d'éducation. — Mais alors il faut que vous que vous connaissiez la psychanalyse. — Mais la psychanalyse, je connais ! » J'avais pris comme matières à option pour le baccalauréat de philo, à l'oral, la psychanalyse *et* les stoïciens. Pour la psychanalyse, j'avais déjà lu tout ce qu'on pouvait à l'époque lire.

J.-P. W. : *On était déjà dans le choix de tout Françoise Dolto : les stoïciens...*

F. D. : Extraordinaire ! Absolument. Tout Françoise Dolto était déjà dans ce choix, en effet. Et alors il m'a dit : « La psychanalyse, c'est de la clinique, c'est pas du tout de la philosophie. Lisez *Psychopathologie de la vie quotidienne* — que je n'avais pas lu. Lisez *Le Mot d'esprit et sa relation à l'inconscient*, lisez *La Science des rêves* », qui n'avait été que racontée par Hesnard mais pas traduit encore quand je l'avais lu[75]. Et alors, il me dit : « Oui, en effet, je ne vois pas comment on peut comprendre les enfants si on ne les comprend pas par la psychanalyse. » Déjà, à l'époque, il m'avait fait penser à ça. Il est possible aussi que ce soit ça qui m'ait tellement culpabilisée de faire de la médecine, comme je voyais que ça démolissait ma mère que je réussisse. Elle espérait que je serais très vite découragée ; quand elle a vu que non seulement je n'étais pas découragée mais que je trouvais un espoir très grand de devenir médecin, alors elle entrait dans un état dépressif. C'était aussi l'époque de sa ménopause... je ne sais pas. Si bien que je souffrais d'être une occasion de souffrance, et c'est pour ça que j'ai commencé, avec une très grande culpabilité, une psychanalyse, et en effet la psychanalyse m'a libérée très rapidement de la culpabilité. Mais, à ce moment-là, j'ai voulu continuer, Laforgue voulait arrêter mon analyse au bout d'un an : « Si vous ne voulez vous occuper que d'enfants... » J'ai fait trois ans et il a accepté. Je voulais être pédiatre — à l'époque on disait médecin généraliste d'enfants — et je lui ai dit : « C'est beaucoup plus difficile que les adultes ! C'est très difficile de comprendre ce qu'un enfant veut dire ! » J'avais un critère pour savoir que mon analyse serait terminée — ça vaut ce que ça vaut, mais je me demande si ce n'est peut-être pas assez juste —, c'est que si je suis avec quelqu'un, dans le métier, et si ce que quelqu'un me dit me fait penser à quelque chose de moi, c'est que je ne l'écoute pas. Donc, pour arriver à écouter vraiment quelqu'un, il faut se mettre totalement entre parenthèses pendant qu'il est présent. Et tant que je ne suis pas entre parenthèses quand j'écoute un enfant, ou des parents qui me parlent de leur enfant, ou que je m'occupe d'un enfant, c'est que je ne suis pas assez analysée. Et le jour où j'ai vu que j'étais totalement libre de me prêter à la relation, et après ça de revenir complètement à ma vie en oubliant la relation, alors je me suis dit : « Je suis assez analysée. »

J.-P. W. : *Lacan dit exactement la même chose que toi lorsqu'il parle de destitution subjective. C'est-à-dire que si on est là avec son Moi, c'est-à-dire si son Moi envahit l'espace de la séance analytique, c'est qu'on ne fait pas de l'analyse. Mais la destitution subjective, ce n'est pas la même chose que la dépression. Lacan parle de la position dépressive pour l'analyste qui perd un analysant.*

Alors quand tu as écouté un adulte pendant dix ans ou même seulement pendant trois, quatre ou cinq, et qu'il s'en va, qu'est-ce que tu éprouves toi comme analyste ?

F. D. : Une joie de l'avoir rendu capable de se passer de venir régulièrement chez quelqu'un dont il se croyait compris. Mais je n'ai jamais eu de regrets du départ d'un patient, jamais, jamais ! Oui, quand il partait avant, devant une résistance que je pensais qu'il ne pouvait pas assumer, je le lui disais : « Je pense que ce n'est pas terminé, mais que dans ce moment il y a quelque chose de trop douloureux qui se prépare, et que vous êtes obligé de suspendre, d'accord, mais je reste à votre disposition. » Et pour les enfants, quand je faisais un arrêt que je voulais être définitif, je disais à l'enfant : « Jamais tu ne me reverras plus, c'est fini pour toujours... », alors il était comme ça [*elle mime la déception*], « nous avons encore six séances pour parler de ça, mais tu arrêteras complètement, on ne se reverra plus jamais. Tu as tes parents, tu n'auras plus jamais besoin de moi comme psychanalyste. Si un jour tu as besoin de parler avec quelqu'un comme tu as parlé avec moi, tu trouveras d'autres personnes, mais moi plus jamais... » Et je disais aux parents : « Naturellement, si dans quelque temps vous sentez que votre enfant est en difficulté, vous pouvez me téléphoner, je vous en parlerai mais, pour lui, je décide que je ne le reverrai pas, même s'il a des difficultés, presque sûrement ce n'est pas moi qu'il reverra. Vous, je vous en parlerai si vous voulez m'en parler, je vous donnerai l'adresse de quelqu'un d'autre. » Ça, c'est très important.

Mais je crois qu'une femme fait ça très facilement à cause de l'accouchement. Quand elle accouche un enfant, elle ne regrette pas le placenta, or c'est par le placenta qu'elle le faisait vivre jusque-là, et si on regrettait un patient qui partait, c'est comme si on avait besoin du placenta. Nous sommes le placenta, le (petit) *a* c'est le placenta, le placenta avec le cordon ombilical.

J.-P. W. : *Mais on peut, sans le regretter, éprouver la dépression que laisse le départ d'un patient.*

F. D. : Pas du tout ! Je suis étonnée, toujours... Est-ce que ce n'est pas justement parce que le psychanalyste n'a pas compris que la joie du travail, c'est de voir quelqu'un n'avoir plus besoin de vous ? Je ne sais pas, mais en effet je n'ai jamais été en deuil d'un client, et pourtant il y en a qui ont été assez longuement avec moi, ou qui ont remonté des situations très importantes. Mais je n'ai jamais eu non plus l'impression que c'était moi qui les avais guéris. Jamais, jamais. C'est toujours le travail qu'ils ont fait, du fait que je me suis prêtée à eux, mais moi je savais bien que je n'y étais pour rien. Et tous les soirs, après la journée qui s'était passée, je savais que j'avais été le substitut de tellement de gens dont ils imaginaient que je l'étais, mais moi j'avais simplement prêté mon attention en oubliant tout ce qui se passait pour moi, et en le retrouvant en quittant le cabinet.

J.-P. W. : *C'est une position mystique un peu proche de la sainteté.*

F. D. : Mais qu'est-ce que c'est la sainteté ?

J.-P. W. : *Ça !*

F. D. : C'est d'avoir un désir qui est focalisé dans la direction qu'on a choisie, d'essayer, et de savoir qu'on est fait pour ça. Qui fait l'ange fait la bête. Celui qui est l'ange, il ne fait pas l'ange, il l'est. Celui qui est le psychanalyste, il ne peut pas faire autrement, il a été formé pour, par ses maîtres, par ses études et par son désir. Il faut dire que je n'ai pas choisi d'être psychanalyste, je ne voulais pas être psychanalyste et j'ai résisté comme un beau diable. Je croyais que jamais je ne m'y ferais de rester assise toute la journée. Pour moi ça me semblait abominable, parce que je suis motrice... Je te dirai que les premiers cas, j'étais obligée de faire le tour du pâté de maisons. À l'époque où il n'y avait pas de jogging, je faisais semblant d'être très pressée, et je courais autour de la maison pour me remettre *ad integrum*.

C'est très curieux, ensuite, un beau jour, j'ai compris qu'en scandant des alexandrins, mais vraiment en les scandant, dans le rythme musical — parce que je pouvais mettre un disque aussi, surtout un disque de Bach, ça me remettait *ad integrum*, mais le patient suivant entendait que j'écoutais de la musique de Bach au lieu de le prendre, c'était difficile ! Alors faire un tour, aller faire une course, oui, il pouvait attendre, si je lisais à voix basse pour moi du Racine — surtout Racine est tout à fait dans le rythme —, alors j'étais remise en état après une page de Racine, et j'étais capable très tranquillement à nouveau d'écouter quelqu'un.

J.-P. W. : *Sur le plan signifiant, qu'un psychanalyste ait besoin pour se remettre* ad integrum *de relire Racine, c'est tout de même extraordinaire ! Après que Freud a parlé de la féminité comme d'un continent noir*[76], *est-ce que ton expérience sur la question de la féminité t'a apporté quelques éclaircissements, t'a donné quelques éclairages qui permettent d'aller un peu au-delà de ce que Freud a élaboré ?*

F. D. : Lorsque les enfants sont bébés, garçons et filles, c'est la mère qui est le personnage important pour le garçon comme pour la fille, en sachant bien que la mère représente le père et la mère. Et c'est tout de même dans un corps de mère que la fille apprécie l'objet qui satisfait sa quête, et le garçon aussi. Le garçon est féminin par rapport à sa mère qui contient le père et la mère, et ensuite il passe de cet objet féminin, de façon féminine, à son père. La fille, qui est féminine par rapport à sa mère, devient, déjà très précocement par rapport aux garçons, active vis-à-vis de la mère, et elle commence vis-à-vis du père en étant active. C'est secondairement qu'elle devient passive, et qu'elle le recherche de façon séductrice passive. Enfin, c'est ce que j'ai compris. Et puis alors, quand ces enfants arrivent à trois ans, avec la notion certaine que celle qui a un corps de fille ne pourra devenir que femme avec le destin de celle qu'elle voit, et le garçon ne pourra devenir qu'homme, alors là se passe quelque chose qui est ou l'acceptation, ou la résignation. Alors, si la fille — puisque nous parlons des filles — accepte sans résignation, avec un projet de conquête des qualités et des valeurs qu'elle voit aux femmes, sa stature future de femme, à ce moment-là il y a quelque chose qui doit s'estomper chez elle, c'est la passivité, sinon elle risque de devenir une féminité perverse. À ce moment-là, entre cinq et onze, douze ans, il me semble que celles qui deviennent les femmes les plus valeureuses dans l'existence plus tard, et les plus fémininement valeureuses, sont celles dont certaines personnes disent : « Ah, c'est un garçon manqué », comme si elles devenaient neutres à ce moment-là plutôt que d'être féminines dans la passivité de l'agir. Elles apprennent à « faire », elles sont anales actives. Sinon, elles conservent ce désir anal actif sur un objet sexuel génital, c'est-à-dire comme si c'était l'enfant futur qu'elles caressaient déjà dans leur ventre, sans savoir au juste si ce sera un objet de fabrication ou quelque chose qu'elles ne peuvent pas connaître, qu'elles savent ne pas pouvoir connaître, et qu'elles ne découvriront que plus tard, une fois nubiles. Et c'est important que les gens le sachent, parce que très souvent les familles décrivent les enfants-filles qui sont actives, qui sont inventives, qui sont créatrices comme des garçons manqués. Cela ne veut pas dire qu'elles n'aiment pas vivre avec des filles, mais elles aiment aussi vivre avec des garçons. Elles se considèrent un peu comme neutres. Alors, c'est à ce moment-là que naît la véritable féminité avec les règles, ce qui pour certaines filles est une fierté quand elles ont été très passives jusque-là. Enfin elles ont la preuve qu'elles vont être des séductrices, puisqu'elles ont leurs règles. Ces filles « garçons manqués » ne savent pas si c'est aussi agréable que ça d'être réglées sur le moment. Là, elles le vivent comme une sorte de castration de leur liberté qu'elles avaient jusque-là. Et ce moment un peu dépressif, si on peut dire, c'est un moment où tout le projet, qui était quand elles étaient petites filles, se remet dans leur imaginaire inconscient et peut-être conscient, et leur fait promettre un destin futur qui est vague, mais qui est tout à fait autre que celui qu'elles avaient jusqu'à présent. C'est vraiment une mutation chez la fille, et elle devient à ce moment-là un être social beaucoup plus qu'un être narcissique. Alors que le garçon devient narcissique et social à quinze seize ans seulement, la fille devient déjà sociale à douze ans, me semble-t-il.

Ce qui fait l'avance des filles à partir de douze ans, c'est qu'elles ont déjà l'esprit social, l'esprit de clan, l'esprit du groupe, même si ce n'est pas avec leur mère, parce qu'elles se brouillent ou qu'elles ne se sont pas entendues avec elle. C'est avec une image d'autres femmes qui plaisent aux hommes, et qui réussissent vis-à-vis des hommes, réussissent vis-à-vis de leur foyer, de leurs enfants ou d'une œuvre, ou d'un talent qu'elles admirent chez ces femmes. C'est beaucoup plus difficile pour une fille, à ce moment-là, de continuer d'être dans une activité narcissisante pour elle, elle est beaucoup plus dans une activité qui servira le groupe. Ensuite, arrivent les premières amours, et c'est quelque chose qui est vraiment très difficile à comprendre, même en psychanalyse parce que une fois que c'est vécu, les femmes ne savent pas parler de leurs premières amours — je ne sais pas si les hommes savent le faire ? Les premières amours sont vraiment incendiaires de tout l'être chez la fille, comme s'il y avait une culpabilité — alors qu'il y a une fierté en même temps — de n'être pas digne de l'amour qu'elles ont pour un être humain — qui, lui, s'en fout pas mal qu'elle soit digne ou pas digne. Et cette humilité devant l'être qui suscite pour elle leur amour est quelque chose aussi de particulier chez la fille. Je ne sais pas d'où ça vient, mais je crois que c'est ça la féminité.

Alors maintenant, si nous parlons de la féminité chez une femme, je crois que ce qu'il y a d'important c'est que sa libido soit au service d'une réceptivité tous azimuts de ce qui lui vient de l'être aimé par elle, qui lui paraît phallique. Et puis elle découvre très vite que c'est elle qui fait que l'autre est phallique, et cette découverte — qu'elle est finalement l'imaginaire phallique de l'homme[77] — est aussi quelque chose que la femme veut refouler, je trouve, en général. Elle n'aime pas se rendre compte de ça comme si, en se rendant compte qu'elle est le phallus imaginaire de l'homme, elle était suscitée à devenir perverse, elle risquait de devenir perverse si elle n'est pas tombée dans le piège de jouer à être femme, si vraiment elle est intéressée par ce qu'elle désire, si elle est focalisée par son désir au lieu de monnayer ce désir pour garder une place, tu vois ? Mais je crois que, pour beaucoup de femmes, le fait d'être l'objet d'un transfert d'une part de mère pour leur homme aimé, ça peut leur faire perdre l'estime qu'elles ont de cet homme. Et c'est là qu'elles se piègent en jouant les séductrices, au lieu de savoir que cette part de transfert fait partie de ce qu'elles ont à apporter à un homme.

J.-P. W. : *Alors finalement, après tout ce que tu viens de nous dire, qu'est-ce qui reste d'énigmatique dans la féminité ?*

F. D. : Écoute, l'énigme de la féminité, elle rejoint le fait que moi, Françoise, je suis pour moi, Françoise, une énigme. Je ne sais pas du tout qui je suis et je suis très reconnaissante aux gens qui m'aiment bien parce que grâce à ça, je peux m'aimer bien. Mais j'ignore tout à fait qui je suis, et c'est pour ça que je ne peux pas te répondre parce que je ne sais pas du tout où est ma féminité à moi. Je ne sais pas, il y a une impossibilité d'en parler. Celui par lequel je me suis sentie devenir vraiment femme — parce que c'était l'homme qui, si je ne l'avais pas rencontré, je ne serais pas qui je suis, du tout —, c'est Boris, et le fait qu'il n'est plus là dans le temps et dans l'espace, et qu'il est là au point de vue sujet pour moi, hors temps, espace, et avec moi en tant que sujet, c'est très difficile. Il y a une espèce de douceur à sentir que je vieillis, et un désir de le retrouver au-delà de ce temps et de cet espace. Et le fait de vieillir est une certitude, et aussi de mourir. C'est une chose qui, peut-être, a été décrite par la psychanalyse mais quand j'étais enfant, pendant longtemps j'ai eu peur d'être oubliée, de ne pas mourir, et je pense que c'est une chose terrible quand on vieillit trop longtemps.

Du pouvoir de l'institution

J.-P. W. : *Ma dernière question prendra la forme de l'expression d'un regret. Je me suis demandé pourquoi, au moment de la dissolution de l'École freudienne, tu n'avais pas utilisé le nom qui est le tien pour reformer une école qui soit digne de ce nom*[78]. *En somme, la question que je te pose c'est celle de ton rapport aux institutions psychanalytiques pour les analystes, et de leur nécessité ?*

F. D. : J'ai trouvé que Lacan faisait bien de dissoudre son école, et je lui ai même écrit pour le féliciter en lui disant que ça me semblait le moment de dissoudre une institution quelle qu'elle soit, qu'il n'y avait plus besoin d'institutions qui soient à la fois de formation, de recherche et aussi de réunions de travail pour les gens déjà formés. Je le pensais déjà quand on a fondé ces institutions, du temps où Lagache et Lacan s'entendaient, au moment où il y avait des difficultés avec l'Institut[79], je disais : « Ce qu'il y aurait de mieux, c'est que ceux qui entrent à l'Association française[80] soient des gens qui auraient été formés, qui auraient fait leur analyse avec un analyste de l'Institut, et iraient travailler ensuite avec une autre école, et que ceux qui seraient formés par le groupe Lacan Lagache, on leur conseille d'aller s'inscrire pour travailler à l'Institut », voilà ce que je leur disais. Ils réfléchissaient et disaient qu'en principe j'avais sûrement raison mais que c'était impossible en pratique. Alors, puisque c'était impossible en pratique quand il y avait des institutions, il valait mieux qu'il n'y en ait plus et que les gens qui avaient pris l'habitude, grâce à Lacan, de se réunir en cartels — cartels qui trichaient et qui devenaient souvent des groupes, c'est-à-dire pas quatre plus un qui change et qui prend des notes, mais des groupes de travail —, eh bien que ces groupes de travail continuent puisque les gens avaient vu combien c'était intéressant de travailler en groupe, et qu'ils soient ou non inscrits dans une institution pour cela, je trouve que ça n'avait aucun intérêt. Qu'ils soient formés, où ils voulaient être formés, par des psychanalystes dûment formés, quelle que soit l'institution qu'ils soutiennent s'ils en soutiennent encore, et puis qu'on se réunisse une fois par an ou deux fois par an dans des congrès poly-institutions qui réunissent des personnes, *des personnes*, chacune individualisée, et qu'elles aient plus d'affinités à aller se restaurer dans telle ou telle institution. Voilà. Le fait de réunir dans une institution, la formation, la recherche et le travail de perfectionnement de chacun, ça me semblait périmé. Alors, je n'allais pas refaire quelque chose d'analogue ! Depuis, je me suis rendu compte que des groupes se sont formés. C'était bien ce que j'espérais, et je trouve que dans tous les groupes il y a des gens éminents. Je continue de penser que c'est la qualité de la psychanalyse personnelle qui fait la valeur de celui qui fera le métier d'analyste. Je déplore que tant de gens analysés se croient faits pour être analystes. Je le déplore parce que c'est presque régulier. Analysés, les gens se croient faits pour être analystes. Je sais pourquoi d'ailleurs, le piège c'est que pendant qu'ils sont en analyse, ils font effet analytique autour d'eux dans les groupes qu'ils fréquentent. Alors de ce fait, ils se croient analystes à cause de l'effet qu'ils produisent, au lieu de parler de choses intéressantes pour tout le monde, et pas toujours de ce métier..., tous les mots d'esprit que l'on fait entre psychanalystes. C'est dommage et je ne sais pas quand les psychanalysés vont comprendre qu'ils ont tellement de choses à faire étant psychanalysés, et ne pas se mettre dans le métier de celui qui est derrière le divan pour les autres, où ça ne fait de bien à personne et où, peu à peu, ces gens se décompensent. Aussi bien les analystes se décompensent et les analysants ne savent plus... — ce dont on a parlé déjà —, ce côté dépressif du psychanalyste quand son psychanalysant s'en va, moi je trouve ça insensé. Alors, on arrive à dire que c'est ça la généralité. Eh bien non ! Ça c'est la généralité pour les psychanalystes qui ne sont pas faits pour le métier qu'ils font. Voilà pourquoi je n'ai pas voulu du tout prendre la direction d'une école. Je sais qu'il y en a qui me le reprochaient, et puis il y a des gens qui croyaient que c'est même ce que je visais toujours, je l'ai entendu dire. J'étais étonnée parce que ce n'est tellement pas dans mes attributions, jamais, de prendre le pouvoir et la direction d'une école ; le parapluie de la famille Fenouillard, ce n'est pas mon genre. C'est un peu ça, un chef d'école. Moi, pas du tout. J'aime la chose psychanalytique, j'aime comprendre ce qui se passe dans l'inconscient, je trouve géniale cette invention, et elle n'a pas du tout encore donné le quart de ce qu'elle doit donner dans la compréhension des humains par eux-mêmes, et dans une véritable humanisation. Notre société est encore — d'ailleurs les nazis l'ont montré, tout ce qu'on voit avec les terroristes le montre —, nous sommes encore tous marqués de la bête humaine debout, et nous ne sommes pas encore humanisés. Le psychanalyste peut faire beaucoup.

Notes

1. René Laforgue, psychiatre et psychanalyste (1894-1962). Il fut l'un des pionniers de la psychanalyse en France et président de la première société de psychanalystes, la S.P.P. (Société psychanalytique de Paris), fondée en 1926. Au cours des années 30, il forme de nombreux élèves. En 1945, il comparaît pour faits de collaboration ; un non-lieu sera prononcé faute de preuves, mais cet épisode accentuera sa séparation de ses collègues de la S.P.P. À la fin des années 50, il s'exile au Maroc où il formera encore quelques futurs membres de la S.P.P.
2. Le 10 janvier 1934 est inauguré le premier Institut de psychanalyse de Paris, dont Marie Bonaparte est nommée directrice. Le 13 juillet 1937, Daniel Lagache est élu membre titulaire, Jacques Lacan le sera en décembre 1938. Voir *Dictionnaire international de la psychanalyse*, sous la direction d'Alain de Mijolla, Calmann-Lévy, 2002.
3. Voir Préface, note 2.
4. Sándor Ferenczi (1873-1933). Chef de file de l'école hongroise de psychanalyse, il fut l'élève « préféré » de S. Freud aussi longtemps que son originalité s'exprimait dans le champ de la théorie. C'est ainsi que Freud ne trouva rien à redire aux spéculations aventureuses de son *Thalassa* (Esquisse d'une théorie de la génitalité). Ferenczi, qui fut l'analyste de Melanie Klein et, entre autres, de Balint, devint le « fils rebelle » quand il s'ingénia à modifier la méthode. Inventeur de la « technique active », il chercha d'abord à frustrer ses patients en multipliant les interdits de satisfaire les besoins corporels puis, dans un deuxième temps, il opta au contraire pour la recherche des effets de la satisfaction affective et pulsionnelle en les comblant. Freud, très critique, l'avertit des dangers de ses confusions : « [...] et alors peut-être, lui dit-il, contemplant le tableau vivant dont il sera le créateur, Dieu le Père Ferenczi se dira : tout de même, j'aurais peut-être dû arrêter ma technique de tendresse maternelle avant le baiser... » Il n'en reste pas moins que son œuvre, abondante, est une référence clinique, une source à laquelle les psychanalystes n'ont pas fini de puiser.

5. F. Dolto cesse de recevoir des patients en 1977.

6. Donald Winnicott (1896-1971), pédiatre et psychanalyste britannique. Il resta sur la réserve au cours des controverses qui opposèrent, entre 1941 et 1945, les partisans d'Anna Freud et ceux de Melanie Klein au sein de la Société britannique de psychanalyse. Son œuvre de psychanalyste, qui se nourrit de son immense expérience de pédiatre, a eu une grande influence dans les domaines les plus divers de l'éducation, du travail social.

7. Sophie Morgenstern (1875-1940), psychiatre et psychanalyste d'origine polonaise, est considérée comme l'introductrice de la psychanalyse en France. À partir de 1925, elle exerce dans le service du professeur Heuyer, où F. Dolto fera sa connaissance et sera initiée par elle à l'usage du dessin en psychanalyse d'enfants. S. Morgenstern se donne la mort lors de l'entrée des Allemands à Paris en juin 1940.

8. Georges Heuyer (1884-1977), médecin et psychiatre, est le fondateur de la psychiatrie infantile en France. Il n'était pas psychanalyste, c'est pourtant lui qui introduisit pour la première fois un psychanalyste dans un hôpital public (Eugénie Sokolnicka à l'hôpital Sainte-Anne en 1921) et fut l'un des promoteurs de la psychanalyse en France. C'est dans son service de psychiatrie infantile à l'hôpital de Vaugirard que F. Marette effectue un stage d'externat de mai 1936 à avril 1937.

9. Voir la préface, p. 10.

10. F. Dolto s'en explique dans « La rencontre de la psychanalyse et la formation », in *Autoportrait d'une psychanalyste, 1934-1988*, Le Seuil, 1989, p. 103-132.

11. Voir F. Dolto, « Schéma corporel et image du corps », in *L'image inconsciente du corps*, Le Seuil, 1984, coll. « Points Essais », p. 7-61. Elle revient sur ces deux notions à plusieurs reprises au cours de l'entretien, et en particulier voir p. 87 et suivantes, et note 47.

12. Freud n'a jamais lui-même pratiqué la psychanalyse avec des enfants. Le célèbre cas du petit Hans, cure d'un enfant phobique, a été conduite indirectement par l'intermédiaire du père de l'enfant, que Freud ne rencontra qu'une fois. Néanmoins, il facilita d'emblée la pratique psychanalytique avec des enfants dans le souci initial de vérifier *in situ* les thèses sur la sexualité infantile qu'il avait élaborées à partir des analyses d'adultes. C'est à sa fille Anna Freud qu'il donnera le soin d'édifier une doctrine dans ce domaine, ce qui ne se fit pas sans oppositions, notamment celle de Melanie Klein.

13. Le complexe d'Œdipe ne doit pas être entendu dans la forme abrégée qui s'est imposée dans la vulgate médiatico-psychanalytique. Déjà Freud en complexifiait les termes, dans *Le Moi et le Ça*, en faisant valoir que « le garçon n'a pas seulement une position ambivalente envers le père et sur le choix d'objet amoureux pour la mère, mais il se conduit aussi en même temps comme une fille, il manifeste la position féminine amoureuse envers le père et la position correspondante jalouse, hostile contre la mère ». D'où, selon Freud, les variations et combinatoires multiples au sein du complexe d'Œdipe où « l'une et l'autre partie disparaît jusqu'à ne laisser que des traces presque imperceptibles, si bien qu'il se produit une série, à l'une des extrémités de laquelle se trouve le complexe d'Œdipe normal, positif, à l'autre extrémité le complexe d'Œdipe

inversé, négatif, tandis que les intermédiaires montrent la forme complète avec répartition inégale des deux composantes ».
Sur ce point donc, F. Dolto se trompe en confondant ce qui se dit sur Freud avec ce que Freud a dit et qu'elle redécouvre dans sa pratique.
14. La transmission est dite « blessée » quand, pour des motifs historiques ou transférentiels, elle n'a pas pu se faire intégralement. Quand, par exemple, les événements liés à la Shoah ont empêché la transmission des liens généalogiques.
15. Ce « nous » désigne les élèves de Lacan et de Dolto qui pratiquent la psychanalyse avec des enfants.
16. Melanie Klein (1882-1960). Née à Vienne, Melanie Klein doit sa formation psychanalytique à Sándor Ferenczi à Budapest, et à Karl Abraham à Berlin. À l'initiative de Jones, elle s'installe à Londres où, devenue membre de la Société britannique de psychanalyse, elle s'affrontera à Anna Freud, la fille de Freud, sur sa conception de la psychanalyse avec les enfants. Là où Anna Freud tente une pédagogie psychanalytique, Melanie Klein lui opposera une technique fondée sur le dévoilement de la vie psychique de l'enfant en utilisant la technique du jeu avec des objets auxquels elle donnera un statut signifiant dans la relation transférentielle. Par l'analyse des résultats de l'interprétation des jeux d'enfants, Melanie Klein sera conduite à modifier la théorie freudienne de la construction du psychisme. Ainsi, par exemple, le complexe œdipien s'avérera-t-il « précoce », c'est-à-dire antérieur à la phase génitale, les objets pulsionnels sont « bons » ou « mauvais », les pulsions sont décrites sur un mode manichéen, etc. Son œuvre se termine d'ailleurs par la réduction des conflits psychiques dans l'opposition systématisée de l'Envie et de la Gratitude.
17. Marie Bonaparte, princesse de Grèce et de Danemark, membre fondateur de la Société psychanalytique de Paris (1882-1962). Comme son nom l'indique, elle était une descendante de Napoléon par Roland Bonaparte, son petit-neveu. C'est en 1924 qu'elle découvre l'*Introduction à la psychanalyse*, et en 1925 qu'elle entame une cure analytique avec Freud. Elle deviendra rapidement son amie et traductrice, notamment d'*Un souvenir d'enfance de Léonard de Vinci*. Elle publia une remarquable étude, en 1933, sur Edgar Poe, et de nombreux travaux sur les relations de la psychanalyse, de la biologie et de l'anthropologie, et c'est en 1951 qu'elle publie *La Sexualité de la femme*. Mais la psychanalyse lui est surtout redevable d'avoir contribué, avec l'ambassadeur américain William Bullitt, à faire sortir Freud de l'Autriche nazie en juin 1938. Cf. *Dictionnaire international de la psychanalyse, op. cit.*, p. 219-220.
18. Au-delà du repérage des objets liés aux zones érogènes du corps : le regard, le sein, les fèces, la voix, Lacan conceptualisera l'objet (petit) *a* comme objet « cause du désir » parce qu'il est l'objet qui manque au sujet sans qu'il puisse le nommer ni le repérer dans le miroir. Non spécularisable, l'objet (petit) *a* se confond *in fine* avec le « rien » en tant qu'objet toujours déjà perdu.
19. Ce terme a été créé par René Spitz, un élève de Melanie Klein, pour décrire les troubles de l'enfant quand il a été séparé de sa mère après avoir eu avec elle une relation normale dans les premiers mois de sa vie. Cette dépression de l'enfant est considérée par Spitz comme structurellement différente de la dépression chez l'adulte. On la rencontre le

plus souvent au-delà du cinquième ou du sixième mois. Voir J. Laplanche et J.-B. Pontalis, *Vocabulaire de la psychanalyse*, P.U.F., 1967.

20. F. Dolto décrit le cas de cet enfant et son modelage dans : « Schéma corporel et image du corps » in *L'image inconsciente du corps, op. cit.*, p. 15-16.

21. Daniel Lagache (1903-1972). Psychiatre et psychanalyste fançais, ancien élève de l'École normale supérieure, agrégé de philosophie, il fut cofondateur avec J. Lacan de l'Association psychanalytique de France (A.P.F.), issue de la scission en 1953 au sein de la Société française de psychanalyse. D. Lagache était un analyste qui avait le souci de la synthèse comme en témoignent sa leçon intitulée : « L'unité de la psychologie : psychologie expérimentale et psychologie clinique » (1949), sa thèse de 1947 sur « La jalousie amoureuse », mais surtout son rôle de directeur dans le travail qui aboutit au *Vocabulaire de la psychanalyse*, de J. Laplanche et J.-B. Pontalis, P.U.F., 1967. Son influence reste déterminante, notamment dans les milieux universitaires où il a introduit les concepts freudiens dans des disciplines telles que la psychologie sociale ou la criminologie.

22. Juliette Favez-Boutonier (1903-1994), docteur en philosophie, médecin et psychanalyste, est élue membre adhérent de la S.P.P. en 1946. Elle est, avec D. Lagache et F. Dolto, à l'origine de la scission de 1953 et de la création de la Société française de psychanalyse. Elle épouse Georges Favez en 1952.

23. André Berge (1902-1995), médecin et psychanalyste, membre de la S.P.P., participe à la fondation de l'École des parents en 1930, et devient, en 1947, le directeur du Centre psychopédagogique Claude-Bernard. Le groupe de travail dont il est question ici s'appelait « quatuor Sainte-Geneviève », en raison du lieu de leurs réunions. Les participants avaient tous été analysés par Laforgue, le quatrième participant étant Marc Schlumberger.

24. Ce séminaire, qui avait pour intitulé : « Étude comparée de la clinique et du dessin libre », a donné lieu à la publication de trois volumes : *Séminaire de psychanalyse d'enfants 1, 2* et *3*, Le Seuil, coll. « Points Essais », 1982, 1985 et 1988.

25. Freud ayant découvert que le déroulement d'une cure analytique impliquait de la part du patient la projection des affects passés sur la personne de l'analyste, Lacan reformulera les observations en faisant valoir que c'est le savoir supposé à un analyste qui en fait un objet d'amour. Aussi nommera-t-il « sujet-supposé-savoir » la place dévolue à l'analyste dans le transfert. Dans cette formulation, l'analyste reste un lieu de projection puisqu'en fait le savoir qui lui est attribué est celui que recèle l'inconscient de l'analysant. On notera l'équivoque de la formule qui ne permet pas de trancher sur ce qui est supposé : le sujet ou le savoir ?

26. F. Dolto, *Le Cas Dominique*, Le Seuil, coll. « Points Essais », 1985, relate une analyse d'adolescent. F. Dolto se souvient de manière imprécise du déroulement des séances. Les propos rapportés ont tous été tenus par Dominique, respectivement lors du premier entretien (p. 33), et au cours de la quatrième séance (cf. p. 64).

27. S. Freud, *L'Interprétation des rêves*, trad. I. Meyerson, rév. D. Berger, P.U.F., 1967.

28. La fondation de l'École freudienne intervient le 21 juin 1964, en présence d'une cinquantaine de psychanalystes parmi lesquels F. Dolto. C'est par un acte de fondation que J. Lacan entend « restaurer le soc tranchant de la vérité » dans le champ que Freud a ouvert.
29. Le séminaire public de J. Lacan à Sainte-Anne commence à l'automne 1953. Cf. *Dictionnaire international de la psychanalyse*, sous la direction d'Alain de Mijolla, Calmann-Lévy, 2002.
30. Henri Ey (1900-1977), psychiatre et philosophe. Il est nommé en 1931 médecin des asiles à Bonneval, aujourd'hui hôpital Henri-Ey, où il restera jusqu'à sa retraite. Ce fut un compagnon de route de la psychanalyse qui sut confronter les théories et les résultats de la psychiatrie dynamique avec les doctrines freudiennes. C'est lui qui notamment organisa à Bonneval le célèbre colloque sur « L'inconscient » où s'affrontèrent J. Lacan et ses élèves, et les tenants de l'orthodoxie freudienne dont Serge Lebovici. Son manuel de psychiatrie (1960) et son *Traité des hallucinations* restent aujourd'hui des modèles du genre.
31. Voir, par exemple, la bribe d'une conversation saisie par Françoise Dolto au cours d'un voyage en train : des enfants entendent « bras-zéro » quand leurs parents prononcent le mot « brasero », anecdote qu'elle rapporte dans « Mots et fantasmes », in *Au jeu du désir*, coll. « Points Essais », Le Seuil, 1988, p. 13-17.
32. Les propos exacts tenus par F. Dolto lors de cet entretien étaient : « Voilà quelqu'un qui signifie qu'elle a du chagrin en pleurant. » Il s'agissait de toute évidence d'une méprise.
33. « Les yeux ronds » est le titre du texte autobiographique de F. Dolto publié dans *Enfances*, avec des photographies d'Alécio de Andrade, Le Seuil, 1986.
34. À l'initiative de certains de ses élèves, et à la suite de diverses ruptures, notamment avec Jung, Adler et surtout Rank, Freud constitue un comité secret chargé de vérifier la conformité des travaux et des décisions avec la doctrine freudienne. Aux membres de ce comité secret, Freud remettra symboliquement une bague antique issue de sa collection. Voir Ernest Jones, *La Vie et l'œuvre de Sigmund Freud*, tomes 1, 2, 3, P.U.F., 1988, 1990 et 1992.
35. *B'naï Brith* : littéralement « les enfants de l'alliance », association mondiale regroupant des frères luttant contre l'antisémitisme et pour la diffusion des différents courants de la pensée juive. C'est dans la section viennoise du *B'naï Brith* que Freud fit ses premières conférences. Il en resta membre jusqu'à la fin, malgré ses opinions divergentes en matière de foi et sur le chapitre du nationalisme juif naissant.
36. À propos de l'Institut de psychanalyse, voir *supra* note 2.
37. Le « désêtre » est l'état de déréliction que rencontre le sujet en fin d'analyse quand il prend la mesure du fait qu'en tant que sujet, il n'est qu'un effet du jeu signifiant.
38. Voir F. Dolto, « Les images du corps et leur destin : les castrations », in *L'image inconsciente du corps*, *op. cit.*, p. 63 et suivantes.
39. Peut-être faut-il entendre là la névrose induite par le comportement de parents ou d'adultes tutélaires qui exercent leur autorité au détriment du jeu pulsionnel normal.
40. F. Dolto évoque à plusieurs reprises le cas de cet enfant, en parti-

culier dans « À propos de l'anorexie », in *L'image inconsciente du corps*, *op. cit.*, p. 209.
41. F. Dolto présente ce cas à plusieurs reprises, par exemple : F. Dolto, *Le Sentiment de soi. Aux sources de l'image du corps*, Gallimard, 1997, p. 20.
42. Denis Vasse, psychanalyste et jésuite, élève de Lacan et de F. Dolto, a été notamment vice-président de l'École freudienne de Paris. Il est l'auteur de nombreux ouvrages consacrés aux rapports de la religion et de la psychanalyse, et surtout à la psychanalyse d'enfants. On citera *L'Ombilic et la Voix*, *Inceste et jalousie*, *L'Autre du désir* et *Le Dieu de la foi*, publiés par Le Seuil.
43. F. Dolto a travaillé à l'hôpital Trousseau de 1940 à 1978. Elle y tenait sa consultation publique — ouverte à un groupe d'analystes en formation, renouvelé chaque année — à raison d'une vacation par semaine, recevant de 9 heures du matin jusqu'à 14 ou 15 heures.
44. D. Vasse, *Un parmi d'autres*, Le Seuil, 1978.
45. D. Vasse, *Le Poids du réel, la souffrance*, Le Seuil, 1983.
46. C'est aux adolescents que F. Dolto avait choisi de s'adresser dans son dernier livre : *Paroles pour adolescents, ou le complexe du homard*, écrit conjointement avec Catherine Dolto et Colette Percheminier, Gallimard, 1999.
47. Sur la notion d'image du corps élaborée par F. Dolto, le lecteur pourra consulter : F. Dolto, *L'Image inconsciente du corps*, Le Seuil, coll. « Points Essais », 1984, F. Dolto, *Le Sentiment de soi. Aux sources de l'image du corps*, Gallimard, 1997, et Gérard Guillerault, *Les Deux Corps du Moi. Schéma corporel et image du corps en psychanalyse*, Gallimard, 1996.
48. Sur le sens des deux termes, souvent employés par F.D., elle s'en explique elle-même : « Par *substantiel*, j'entends la matérialité de la nourriture et des excréments, objets partiels d'échange. Par *subtil*, j'entends l'olfaction, l'ouïe et la vue, par lesquelles l'objet est perçu à distance », F. Dolto, *Au jeu du désir, op. cit.*, p. 64, note 1.
49. Il s'agit de l'Institut national de jeunes sourds, 254, rue Saint-Jacques à Paris.
50. La psychose expérimentale est une psychose dont l'origine est à situer dans un retrait de l'investissement parental (ou tutélaire) du fait d'un dysfonctionnement de l'enfant portant atteinte aux logiques d'échange communicationnel.
51. F. Dolto a contribué à la promotion de l'enseignement de la langue des signes aux enfants non entendants et à leurs parents, dans le cadre de groupes de travail et de plusieurs associations C.P.E.N.E. (Communication précoce entendants non-entendants) et A.E.C. (Association enfance communicante). Elle fut aussi à l'origine de la création d'une maison Arc-en-ciel, ouverte après son décès. Conçue sur le modèle de la Maison verte, elle était ouverte aux enfants sourds et entendants qui y venaient accompagnés de leurs parents.
52. Le terme de forclusion traduit le concept freudien de *Verwerfung* que l'on traduisait habituellement par « rejet » pour le distinguer des mécanismes du refoulement et des mécanismes de défense. Il s'agit cette fois de considérer qu'un signifiant n'est pas inscrit dans la chaîne symbolique, qu'il en est exclu. J. Lacan considère que le signifiant du nom-du-

père, en tant qu'il est rejeté donc forclos, a le pouvoir de déclencher une psychose dans la mesure où ce signifiant n'est pas venu à la place symbolique où il était attendu. En somme, quand le sujet fait référence au père dans l'Autre, il ne rencontre qu'un vide qui amorce le processus du délire.

53. F. Dolto évoque ce cas dans *Solitude*, Gallimard, 1994, p. 427-429.

54. L'*acting out* est le moment, au cours d'une analyse, où le transfert étant méconnu (par l'analyste ou l'analysant), le sujet a recours à un acte venant se substituer à une parole qui ne s'est pas remémorée.

55. Bruno Bettelheim (1903-1990). Né à Vienne, d'origine juive, éducateur puis psychanalyste, son analyse avec Richard Sterba est brusquement interrompue par l'Anschluss. Il est probablement l'unique psychanalyste qui ait été déporté (à Dachau puis à Buchenwald) avant la guerre. À partir de ce qu'il a vécu et des difficultés pour transmettre, en Amérique où il émigre en avril 1939, les conclusions cliniques de son expérience, il élabore la « thérapie du milieu » qu'il met en œuvre dès 1944, devenu directeur de l'École orthogénique de Chicago. Cette thérapie se veut l'envers du camp de concentration : il s'agit de créer un environnement sain, entièrement dévoué à l'écoute d'enfants gravement déficitaires.

Son œuvre abondamment discutée tend à rendre compte de sa pratique avec des enfants psychotiques ou autistes (*La Forteresse vide* [1967], Gallimard, 1969) ou à partager ses conceptions pédagogiques, comme dans les *Évadés de la vie* (1955), Fleurus, 1973, ou *Un lieu où renaître* (1974), Laffont, 1975. Sur le plan théorique, il se consacre notamment à l'étude de la *Psychanalyse des contes de fées* (1976), Laffont, 1976, ou à une critique sévère mais fondée des traductions de Freud en anglais par Strachey, à qui il reproche d'avoir déshumanisé le style freudien (*Freud et l'Âme humaine* [1982], Laffont, 1984). Son suicide, qui évoque celui de Primo Levi, autre grande victime et témoin de la barbarie nazie, sera l'occasion du déclenchement d'une médiocre polémique sur sa violence, son despotisme, etc. Mais peut-être ne s'agissait-il, après tout, que des effets mécaniques de ce que Françoise Dolto déplore ici même : que le bien des enfants puisse se construire « au détriment des adultes qui s'occupaient d'eux ».

56. Avion bombardier allemand.

57. Il s'agit de la consultation que F. Dolto a tenue à l'hôpital Trousseau de 1940 à 1978.

58. L'O.S.E., Œuvre de secours aux enfants, fait partie des multiples organisations d'entraide et de secours qui se sont créées pendant la guerre. Active dès 1940 et jusqu'en 1946, elle intervenait essentiellement dans les milieux juifs pour le ravitaillement, l'aide médicale et la dispersion des enfants au moment des rafles pour les faire échapper à l'internement.

59. F. Dolto, *Psychanalyse et pédiatrie*, Le Seuil, coll. « Points Essais », 1976.

60. J. Lacan, *De la psychose paranoïaque dans ses rapports avec la personnalité* (1932), Le Seuil, 1980, coll. « Points Essais ».

61. Les I.M.P., Instituts médico-pédagogiques, accueillent les enfants de six à quatorze ans présentant une déficience intellectuelle.

62. A. Miller, *C'est pour ton bien : racines de la violence dans l'éducation de l'enfant*, Aubier-Montaigne, 1984.

63. Il s'agit de Pierre Demmler, « oncle Pierre », mortellement blessé le 6 juillet 1916 dans les Vosges. Il succomba quelques jours plus tard, le 10 juillet, à l'âge de trente ans.
64. La question du « choix » est évidemment une prise de position éthique. Il s'agit non d'un lieu pour naître réellement, mais de la façon dont un humain se subjective en faisant naître sa mère telle qu'il la veut inconsciemment. Avec un autre enfant, cette même mère ne serait pas cette « mère-là ». Il s'agit pour F. Dolto d'affirmer que le sujet est actif dans sa venue au monde depuis toujours et depuis avant toujours.
65. F. Dolto et G. Sévérin, *Les Évangiles et la foi au risque de la psychanalyse, ou la vie du désir*, Gallimard, édition revue et augmentée, 1996.
66. Voir « Parabole du Samaritain », Luc, 10. 25-37 et commentaires, in *Les Évangiles..., op. cit.*, p. 95-115.
67. Voir « Parabole de l'enfant prodigue », Luc, 15. 11-32 et commentaires, in *ibid.*, p. 151-163.
68. S. Freud, *L'Homme Moïse et la religion monothéiste*, trad. Cornélius Heim, préf. Marie Moscovici, Gallimard, coll. « Folio essais ».
69. En 1969, F. Dolto était le « Docteur X » sur Europe 1. Elle répondait en direct aux questions posées par des enfants, au cours d'une émission quotidienne qui durait une vingtaine de minutes.
70. D'octobre 1976 à mai 1978, au cours de cette émission quotidienne, F. Dolto répondait aux lettres détaillées que lui envoyaient les parents en difficulté. Ses réponses sont publiées dans l'ouvrage *Lorsque l'enfant paraît*, Le Seuil, 1990, qui relate les premiers mois de l'émission.
71. Ménie Grégoire anima, de 1967 à 1981 sur l'antenne de R.T.L., une émission quotidienne, de 15 h à 15 h 30, au cours de laquelle elle dialoguait avec des interlocuteurs anonymes. À la différence de F. Dolto, dont les interlocuteurs n'étaient pas anonymes et de qui elle exigeait de longues lettres, M. Grégoire peut être aujourd'hui considérée comme l'inventeur des *talk shows* radiophoniques et télévisuels.
72. Françoise Marette commence sa cure psychanalytique avec René Laforgue le 17 février 1934, alors qu'elle est en deuxième année d'études de médecine, et la termine le 12 mars 1937.
73. Marc Schlumberger, fils de l'écrivain Jean Schlumberger, fait ses études de médecine avec Françoise et Philippe Marette. C'est lui qui leur suggère d'entreprendre une analyse et leur donne le nom de Laforgue, chez qui il est lui-même en analyse.
74. P.C.N. (certificat d'études de sciences physiques, chimiques et naturelles).
75. Il est utile de rappeler les dates de première publication en langue française des ouvrages de S. Freud. S. Freud, *Psychopathologie de la vie quotidienne*, trad. S. Jankélévitch, Payot, 1922. S. Freud, *Le Mot d'esprit et ses rapports avec l'inconscient*, trad. M. Bonaparte et M. Nathan, Gallimard, 1930. S. Freud, *La Science des rêves*, trad. I. Meyerson, Paris, Alcan, 1926 ; cet ouvrage sera republié sous le titre *L'Interprétation des rêves*, P.U.F., 1967.
Angélo Hesnard est l'auteur, avec Emmanuel Régis, de *La Psychoanalyse des névroses et des psychoses*, paru en 1914. L'ouvrage est un exposé, aussi fidèle qu'il était possible de le faire à cette époque, des principales théories de Freud, comme le reconnaît S. Ferenczi dans le compte rendu

critique qu'il en fait en 1915. L'ouvrage reste, pendant près de vingt ans, le seul large exposé de la psychanalyse. Voir *Dictionnaire international de la psychanalyse*, sous la direction d'Alain de Mijolla, *op. cit.*, p. 738.

76. Cette expression, passée depuis Freud dans la langue commune, se trouve dans *La Question de l'analyse profane*, Gallimard, 1985, p. 75. Elle y figure en anglais, *dark continent*, et assortie d'une note : « Allusion au titre fameux du livre de l'explorateur Stanley *Through the dark continent* (1879). » La phrase complète est : « La vie sexuelle de la femme adulte est bien encore pour la psychologie un *dark continent*. »

77. Voir aussi : « Développement de la libido de la naissance à la vieillesse », dans F. Dolto, *Sexualité féminine. La Libido génitale et son destin féminin*, Gallimard, 1996, en particulier p. 75-76, et les commentaires 64, 65 et 66, p. 353-354.

78. Le 5 janvier 1980, Jacques Lacan annonce à son séminaire sa décision de dissoudre l'E.F.P. Les formes juridiques de la dissolution n'étant pas respectées, il faudra attendre le 27 septembre 1980 pour que cet acte soit juridiquement entériné. F. Dolto, qui n'était pas défavorable à la dissolution, s'associera néanmoins à ceux des membres de l'École qui tenaient à ce que les formes légales ne soient pas contournées.

79. Les problèmes liés à la formation des psychanalystes, donc à la psychanalyse didactique, ont été à l'origine de la plupart des scissions au sein du mouvement analytique. C'est en 1954, donc un an après la première scission, qu'est créé l'Institut de psychanalyse dirigé par Nacht jusqu'en 1962, puis plus tard par Serge Lebovici, René Diatkine, etc. L'Institut est chargé de l'enseignement et de la distribution des postes liée à la reconnaissance et à la formation. L'Institut, organiquement lié à la Société psychanalytique de Paris, a connu de profondes réformes de ses statuts dont on peut suivre les péripéties du périodique qui en dépend, la *Revue française de psychanalyse*.

80. Il s'agit de l'A.P.F., Association psychanalytique de France, où se regrouperont en 1964 les élèves de J. Lacan et ceux qui ont refusé les diktats de la Société française de psychanalyse sur les critères internationaux de reconnaissance et de formation. On citera notamment les noms de Daniel Lagache, Juliette Favez-Boutonier, Wladimir Granoff, Jean Laplanche et J.-B. Pontalis. Ses travaux ont notamment été recueillis dans la *Nouvelle revue de psychanalyse* dirigée par J.-B. Pontalis, et *Psychanalyse à l'université* créée en 1975 par Jean Laplanche. Aujourd'hui, c'est dans la revue *Penser, Rêver*, dirigée par Michel Gribinski, qu'on peut lire les travaux des membres de l'A.P.F.

Table des matières

Préface	7
Formation et théorie	19
Symbole universel et symbolique singulière	49
Dolto et Lacan	63
Autisme et psychose	83
Du père	101
Du racisme et de la haine	113
Foi et transfert	135
Transmission de la psychanalyse	149
Débuts et fins de la psychanalyse : la question du féminin	159
Du pouvoir de l'institution	171
Notes	177

Bibliographie de Jean-Pierre Winter

Les Hommes politiques sur le divan, *Calmann-Lévy*, 1995.
Les Errants de la chair, études sur l'hystérie masculine, *Calmann-Lévy*, 1998 ; *Payot*, Petite Bibliothèque Payot, 2001.
Choisir la psychanalyse, *EDLM*, 2001.
Stupeur dans la civilisation, en collaboration avec Valérie Marin La Meslée, Pauvert, 2002.

Ouvrages collectifs

Recomposer une famille : des rôles et des sentiments, sous la direction d'Irène Théry, Textuel, 1995.
De la violence : Séminaire de François Héritier, vol. 2, O. Jacob, 1999.
Parler d'amour, Actes du colloque de l'École belge de psychanalyse, Liège, 30 septembre-1er octobre 2000, sous la direction de Bernard Robinson, Lettre volée, 2002.
Les Enjeux de la voix en psychanalyse, dans et hors la cure, sous la direction de Jean-Michel Vives, Presses universitaires de Grenoble, 2002.

Bibliographie de Françoise Dolto

AUX ÉDITIONS GALLIMARD
dans la même collection

Articles et conférences :

1 — Les étapes majeures de l'enfance
2 — Les chemins de l'éducation
3 — Tout est langage
4 — La difficulté de vivre
5 — Le féminin

Essais :

Solitude
Sexualité féminine. La libido génitale et son destin féminin
Le sentiment de soi. Aux sources de l'image du corps

Entretiens :

1 — **Destins d'enfants — Adoption, Familles d'accueil, Travail social** (Entretiens avec Nazir Hamad)
2 — **Les Évangiles et la foi au risque de la psychanalyse ou La vie du désir** (en collaboration avec Gérard Sévérin)
3 — **L'enfant, le juge et la psychanalyste** (Entretiens avec Andrée Ruffo)
4 — **Les images, les mots, le corps** (Entretiens avec Jean-Pierre Winter)

dans la collection « Folio essais » :

Les chemins de l'éducation
Les étapes majeures de l'enfance
Sexualité féminine. La libido génitale et son destin féminin
Solitude

Ouvrages sur Françoise Dolto, hors collection :

Les Deux Corps du Moi. Schéma corporel et image du corps en psychanalyse, Gérard Guillerault.
Françoise Dolto, c'est la parole qui fait vivre. Une théorie corporelle du langage. Sous la direction de Willy Barral, et la participation de Marie-Claude Defores, Didier Dumas, Yannick François, Gérard Guillerault, Heitor O'Dwyer de Macedo, Juan-David Nasio.
Françoise Dolto, aujourd'hui présente. Actes du colloque de l'Unesco, 14-17 janvier 1999. Ouvrage collectif.

AUX ÉDITIONS GALLIMARD JEUNESSE

Paroles pour adolescents ou Le complexe du homard (avec Catherine Dolto, en collaboration avec Colette Percheminier).

AU MERCURE DE FRANCE

dans la collection « Le Petit Mercure » :

Père et fille. Une correspondance (1914-1938)
Le dandy, solitaire et singulier
L'enfant dans la ville
L'enfant et la fête
Parler de la mort
Jeu de poupées
Kaspar Hauser, le séquestré au cœur pur, *suivi de* **Kaspar Hauser** par Anselm von Feuerbach
Parler juste aux enfants (avec Danielle Marie Lévy)

CHEZ D'AUTRES ÉDITEURS

Le cas Dominique, *Le Seuil,* coll. « Le champ freudien », 1971 ; coll. « Points Essais », 1974.
Psychanalyse et pédiatrie, *Le Seuil,* 1971 ; coll. « Points Essais », 1976.
Lorsque l'enfant paraît, tomes 1, 2, 3, *Le Seuil,* 1977, 1978, 1979 ; tomes 1, 2, 5 reliés, *Le Seuil,* 1990.
Au jeu du désir. Essais cliniques, *Le Seuil,* 1981 ; coll. « Points Essais », 1988.
Séminaire de psychanalyse d'enfants, tome 1 (en collaboration avec Louis Caldaguès), *Le Seuil,* 1982 ; coll. « Points Essais », 1991.
L'image inconsciente du corps, *Le Seuil,* 1984 ; coll. « Points Essais », 1992.
La cause des enfants, *Laffont,* 1985 ; *Pocket,* 1995.
Séminaire de psychanalyse d'enfants, tome 2 (en collaboration avec Jean-François de Sauverzac), *Le Seuil,* 1985 ; coll. « Points Essais », 1991.
Enfances (photographies Alecio de Andrade), *Le Seuil,* 1986 ; coll. « Points Actuels », 1988.
Dialogues québécois (en collaboration avec Jean-François de Sauverzac), *Le Seuil,* 1987.
L'enfant du miroir, Françoise Dolto, Juan-David Nasio, *Rivages,* 1987 ; *Payot,* 1992.
La cause des adolescents, *Laffont,* 1988 ; *Pocket,* 1997.
Inconscient et Destins, Séminaire de psychanalyse d'enfants, tome 3 (en collaboration avec Jean-François de Sauverzac), *Le Seuil,* 1988 ; coll. « Points Essais », 1991.
Quand les parents se séparent (en collaboration avec Ines Angelino), *Le Seuil,* 1988.
Autoportrait d'une psychanalyste (1934-1988) (en collaboration avec Alain et Colette Manier), *Le Seuil,* 1989 ; coll. « Points Actuels », 1992.
Correspondance (1913-1958) (en collaboration avec Colette Percheminier), *Hatier,* 1991.

Composition Graphic Hainaut.
Reproduit et achevé d'imprimer
sur Roto-Page
par l'Imprimerie Floch
à Mayenne, le 14 novembre 2002.
Dépôt légal : novembre 2002.
Numéro d'imprimeur : 55660.
ISBN 2-07-076320-X / Imprimé en France.

- 1 FEVR	DATE DE RETOUR		
26 NOV			
23 déc			